JN233155

体験型の子育て学習プログラム15

来てよかったと喜ばれる
新しい保護者会

亀口憲治 監修
群馬県総合教育センター 著

図書文化

序文

いまなぜ保護者会で体験型の子育て学習か

東京大学大学院教育学研究科教授　亀口　憲治

　いま，わが国の子育てが根本的に問い直されています。

　これまで「子育て」といえば，母親の問題でした。保護者会といっても，父親やそれに代わる保護者の参加はきわめて低調であり，母親だけの世界になりがちでした。それが日本の現実でもありました。しかし現在は，幼い子どもが犠牲者となる犯罪が多発する現実にも目を向けざるをえなくなっています。

　子育てを「次世代の育成」という観点から見直せば，母親だけにすべての責任を負わせるべきでないことは明白です。また，現実となったわが国の人口減少を食いとめ，男女共同参画社会を実現するためにも，子育てに父親やそれに代わる男性のパートナーの積極的な参加が望まれます。しかし，現状の保護者会に，子育てに不慣れな父親たちが突然に参加したとしても，双方が当惑するだけかもしれません。

　そこで，保護者会のもち方そのものを思いきって刷新しようとする試みが出てきました。10年以上前に福岡県の水巻町の教育委員会が主催し，私が企画立案した複数の小学校のPTAの役員を対象とする体験学習プログラムは，その先駆ともいえるものでした。本書で紹介する群馬県の取組みは，これをさらに全県的なレベルにまで拡大発展させた，全国でも例をみない画期的なプログラムです。

　この体験型プログラムでは，これまでの保護者会でよくみられたような，参加者が役員や講師の話をただ受け身で聞き，そのまま散会する形式はとりません。参加者が，子育ての当事者として日々実感している問題点を共有する機会を提供します。このプログラムの実施そのものが，自治体による保護者を対象とする「生涯学習」の提供であり，新たな住民サービスの一環ともなっています。つまり，子育て支援をかなめとすることによって，旧来の縦割り行政の弊害を克服し，親子二世代を対象とする未来志向の教育実践をみごとに実現させているのです。

　このような先進的な取組みが，群馬県総合教育センター，とりわけ教育相談グループを中心とする方々によって継続的に行われたことに，深い敬意の念を禁じえません。しかも，その貴重な体験を埋もれ，消失させないために，一冊の書物として公刊することは，誠に意義のあることだと考えます。本書を通じて，保護者のみならず，子育てに関心をもつ多くの人々が，悩みや解決策を共有できるようになることを切望します。

まえがき

公刊に寄せて

群馬県総合教育センター所長　飯野　眞幸

　平成17年度の文部科学白書によれば，近年の都市化，核家族化など，社会状況の変化のなかで，すべての教育の出発点である家庭の教育力が低下していると指摘されています。そこで求められていることは，家庭教育支援の充実です。

　当センターでは，平成14年度に，県内の幼稚園・小・中学校の保護者および児童生徒を対象に「家庭教育に関するアンケート調査」を実施し，その結果を分析しました。そこから見えてきたことは，子どもは家族とのかかわりのなかで絆を求めているということでした。家庭の教育力の向上は，まさに子どもとのかかわりのなかにあることが，この調査をとおして改めて明らかになりました。

　平成15年度には，この分析をもとに，子どもとどうかかわるかをテーマに，『子育て支援セミナー』を実施しました。今回提案する保護者会は，この実践をもとに，学校における保護者会の1つのモデルとして，研究を積み重ねてきた成果です。

　さきにあげた文部科学白書に示されているように，これからの家庭教育支援は，「学習を希望する親の支援」から「すべての親を対象とした支援」へと転換し，「心に迫る」取組みを積極的に進めていく必要があると考えます。その意味で，今回提案する保護者会は，まさにこの趣旨にそうものと思います。

　今後の教育活動において，この取組みが有効に活用され，保護者のみならず，子育てにかかわる多くの方々の課題解決につながり，子どもの健全育成に役立つことを心から期待しています。

　最後になりましたが，本研究を進めるにあたって，実践の場を提供していただいた各教育委員会および各学校，ならびに参加されました保護者の方々，さらに研究を推進するにあたりご指導いただいた東京大学大学院の亀口憲治教授，その他ご協力いただいたすべての方々に心より厚く感謝申し上げます。

体験型の子育て学習プログラム15
来てよかったと喜ばれる新しい保護者会

序　　文「いまなぜ保護者会で体験型の子育て学習か」……2
まえがき「公刊に寄せて」……3

序章　体験型の子育て学習で進める保護者会

第1節　喜ばれる新しい保護者会とは …………………………………… 8
第2節　成功と失敗の分かれ目 ………………………………………… 12
第3節　実践の流れ ……………………………………………………… 14
第4節　事前の準備 ……………………………………………………… 16
第5節　事中の対応 ……………………………………………………… 20
第6節　留意点と事後の対応 …………………………………………… 22
第7節　かかせない教師の心構え ……………………………………… 24

第1章　アプローチ1　課題に気づく

第1節　親子のコミュニケーションを見直す ………………………… 28
　ワーク①　「ジュースこぼしちゃった」子どもの気持ちを受けとめる　30
　ワーク②　「帰り道けんかになったよ」友達同士の信頼感と絆を育む　34
　ワーク③　「宿題やった？」自信をもたせるかかわり方　38
　ワーク④　「十代のスタート地点で大切なこと」前思春期の子どもの心の理解　42
　ワーク⑤　「きらわれているのかな？」子どもの気持ちに共感する　46
　ワーク⑥　「そういう言い方しないで！」思春期の子どもの心の理解　50
第2節　子どもが向ける親への願いに気づく ………………………… 54
　ワーク⑦　「子どもの生の声を聞こう！」　56
　　　　　●コラム●「いい影響を及ぼすコミュニケーションとは」……60●

第2章　アプローチ2　方針を立てる

第1節　子どもとのかかわり方を探る …………………………………………64
- ワーク⑧　「子どもとのかかわり方10の秘訣」　66
- ワーク⑨　「いい方法はないかな？」うまくいかないとき　70
- ●コラム●　「子育てに悩んだときにどう対処したらよいか」……74

第3章　アプローチ3　子どもとかかわる実習

第1節　子どもと実際にかかわり，子育てを振り返る ……………………78
- ワーク⑩　「わかっているけど，うまくかかわれない」　80

第2節　保護者同士と子ども同士の協働作業 ………………………………84
- ワーク⑪　「もっと，子どもとうまくかかわりたい」　86
- ●コラム●　「協働作業に表れる親子関係」……90

第4章　アプローチ4　家族の役割

第1節　子どもを育てる家族の役割を考える ………………………………94
- ワーク⑫　「子育ては私だけがするの？」　96
- ワーク⑬　「子どもから親からみる家族って？」　100
- ●コラム●　「家族関係における子ども──自家像の実践に向けて」……104

第5章　アプローチ5　生き方を探る

第1節　子どもと向き合いながら，親自身の生き方を見つめ直す　…………108

　ワーク⑭　「思春期のわが子とつき合う秘訣」　110

第2節　子育てを振り返り，これからの生き方を考える　…………114

　ワーク⑮　「思春期のわが子とともに生きる」　116

　●コラム●　「子育てを通じて保護者自身の生き方を見直すには」……122●

実践者の声

「保護者セミナー5回の成果」62

「初めての子育て支援セミナー」76

「子どもとのかかわり方10の秘訣」76

「親子グループ協働作業」92

「家族で行ってみたいところ」92

「子どもから親からみる家族って？」106

「思春期の子どもとつき合う秘訣」124

序章

体験型の子育て学習で進める保護者会

- 第1節　喜ばれる新しい保護者会とは　8
- 第2節　成功と失敗の分かれ目　12
- 第3節　実践の流れ　14
- 第4節　事前の準備　16
- 第5節　事中の対応　20
- 第6節　留意点と事後の対応　22
- 第7節　かかせない教師の心構え　24

序章 ●体験型の子育て学習で進める保護者会

1節 喜ばれる新しい保護者会とは
保護者が主体的に参加できる体験型の子育て学習

「また来たい,来てよかった!」と思わせる保護者会とは

　「とても参考になることが多く,ためになりました。受け身でなく,ほかのお母さんの意見も聞け,日ごろの子育ての不安や悩みが解消され,感心したりほっとしたりして,楽しかったです」「自分自身どうすべきかすごく悩んでいたので,ここでの言葉が心に響きました。とても意義深い保護者会でした」

　これは,私たちが提案する保護者会に参加した保護者の感想です。参加したほとんどの保護者から,このような感想をいただきました。

　初めは緊張して参加していた保護者の顔が,保護者会が進むにつれて,ほほ笑みに変わり,笑顔で話し合うようになっていきます。そして,しだいに真剣なまなざしで語り合ったり,身を乗り出して聞き入ったりするようになります。最後に,さきほどのような感想を書いて帰ります。

　「新しい保護者会」は,まず,保護者のニーズを把握することから始まります。子育ての悩みや気になっていることなどを直接聞いたり,アンケート(16ページ参照)で集めたりします。そのニーズに基づいて,どのような内容が現時点での保護者に適しているか事前に計画します。

　保護者会の当日は,参加者の緊張をほぐすための活動(アイスブレーキング)から始まります。そして,事前に計画した活動を行います。参加者は少しずつ子育てを振り返りながら,わが子とのかかわりを考えます。そして,これからどうしていけばよいか話し合います。最後に,自分なりの考えをまとめます。

　この過程のなかで,保護者は安心感を得つつ,子どもの心をのぞいたり新しい見方に気づいたりして,「(保護者会に)また来たい,来てよかった」という感情をもつと思います。

受け身の保護者会から，主体的に参加できる保護者会へ

　これまで，学級懇談会や保護者会の多くが，学級や学校の方針を伝えたり子どもの様子を話したりなど，教師からの情報伝達が中心で，参加した保護者は，どちらかというと受け身ではなかったでしょうか。

　本来，保護者会は，保護者自身がかかえている子育てなどの悩みを解決する絶好の機会であり，保護者が主体的に参加できる場でもあると考えます。そうした場にするためには，保護者がかかえている悩みや課題を把握し，その課題解決に向け，保護者同士が共に学び合い，成長できる場を提供していくことが大切なのです。

　また，子育ての第一歩は，子どもと正面から向き合うことです。子どもを見つめると，そのかかわり方を考えたり，家族の役割を思ったり，自分自身どう生きていけばよいかといったことに突き当たるかもしれません。その過程で悩むことは，自然であり，どの人にも，どの家族においてもあることです。

　したがって，保護者同士が子育ての悩みを話し合い，その解決に向けて一緒に取り組む場が必要なのです。このようなことを実現できる場を提供することが，これからの保護者会の大きな役割だと考えます。

　「家族は初めから成立しているのではなく，一人一人がつくっていくもの」という言葉があります。保護者会も，すでに出来上がっているものではなく，保護者一人一人が主体的に参加するなかでつくっていくものであることを，「これからの保護者会」として提案したいと思います。

子育て学習の5つのアプローチ

　ここで提案する保護者会は，子どもの成長とともに変化する子育て上の悩みに対応できるよう工夫してあります。つまり，小学校の低学年の子どもをもつ保護者の子育て上の悩みから，中学生や高校生を子どもにもつ保護者の悩みまで，幅広く対応できるよう考えました。そのことを示したモデルが次ページの図です。

　このモデルで示したとおり，保護者会は，5つのアプローチからできています。なお，この5つのアプローチは，アプローチ1が第1章，アプローチ2が第2章というように，本書の各章と連動しています。

①第1のアプローチ「課題に気づく」——毎日のなにげない子どもとのやりとりを振り返り，どうかかわったらよいかを考える内容です。

②第2のアプローチ「方針を立てる」——子育てをより柔軟に多様に考える内容です。

序章 ●体験型の子育て学習で進める保護者会

「体験型の子育て学習で進める保護者会」展開モデル

子育て5つのアプローチ

〈カウンセリング後期〉

セミナーの方法

- 子どもとともにどう生きていこうか？ → アプローチ5 **生き方を探る** 親自身がどう育てられたか 親がどう生きていくか？ ← 親自身の生き方とあわせて子育てを考える

- 家族の中で，なぜ私だけが子育てしているの？ → アプローチ4 **家族の役割** 家族を見つめ，個々の役割を考える ← 家庭の中での役割を考える

- わかっているけど，できない…… → アプローチ3 **子どもとかかわる実習** 子どもと実際にかかわりながら，子育てを振り返る ← 子どもとかかわる実習を体験する

- 子どもとのかかわり方 ほかの方法はないのかな？ → アプローチ2 **方針を立てる** 子どもとのかかわり方を広げる ← ブレーンストーミングを使って思考を整理する

- 子どもとうまくいかない…… → アプローチ1 **課題に気づく** 子どもとのかかわり方に気づく ← 役割演技を通して子どもの立場で考える

〈カウンセリング初期〉

悩み・願い / **思い・課題**

保護者のニーズ / **学校 学級のニーズ**

③第3のアプローチ「子どもとかかわる実習」――子どもと一緒に活動しながら，その場で子どもとどうかかわればよいかを考える内容です。「わかっているけれど，うまくできない」といった場合に適しています。

④第4のアプローチ「家族の役割」――子育てを家族という視点からとらえ，家族の役割を考える内容です。

⑤第5のアプローチ「生き方を探る」――保護者自身の生き方と子育てについて考える内容です。子育てと自分の生きがいをどう両立させるかといった場合に適しています。

　これらの5つのアプローチは，第1から第5まで，順次展開していく必要はありません。学校の実態や保護者のニーズに応じて適時，展開していくことが可能です。つまり，第5のアプローチだけ実施してもいいですし，第4のアプローチを実施したあと，第1のアプローチを実施することも可能です。

実施の機会

　本書で提案する「体験型の子育て学習」の形式は，以下のような，さまざまな機会で実施できます。

①**学級懇談会として**――担任が一人で実施する場合には，学級懇談会としてすぐに実施できます。時間も1時間程度から2時間程度まで，内容に応じて対応できます。

②**保護者と子どもの協働作業として**――アプローチ3（子どもとかかわる実習）を活用すれば，保護者と子どもの協働作業の授業として実施できますし，親子行事として計画に組み込むこともできます。

③**学年懇談会として**――2学級以上であれば，担任同士が協力してアプローチ1（課題に気づく）のロールプレイをすることもできますし，各アプローチで司会や補佐役として役割を決め，保護者会をより円滑に実施することも可能です。

④**ＰＴＡ行事として**――ＰＴＡセミナーやＰＴＡ親子行事などにも実施が可能です。この場合，全学年の保護者を対象にすることが多いと思います。このようなとき，アプローチ2（方針を立てる）を実施すると，学年ごとの成長の違いと子どもとのかかわり方の違いが，発達を通して理解できます。また，アプローチ4（家族の役割）を親子で行うことで，親子参加の学年集会が実施できます。実際に行われた集会では，わが子の心をみせられ，親がはっとさせられる場面がみられました。

序章　●体験型の子育て学習で進める保護者会

2節 成功と失敗の分かれ目
保護者のニーズに合わせた組み立て

保護者の要望と学校の実態からニーズをつかむ

　保護者は，子育てや子どもの教育にどんな悩みをもっていますか。そして，学校の様子や実態はどうですか。

　保護者会は，ニーズをつかむことから始めます。参加する保護者の要望に合わなければ，その悩みにこたえることはできません。また，その学校の様子や実態とかけ離れていては，実施する内容が合わなくなってしまい，参加者を満足させることはできないでしょう。

　ある小学校の3年生の子どもをもつ保護者に事前アンケートをしたところ，「何ごとも自分から始められず，親が言わないとできません。そして，つい口うるさくなってしまいます」「お手伝いは言うとしぶしぶするのですが，日常的に行わせようとしても，いつも忘れてしまってできません。自分でするようにさせたいのですが，どうも怒ってしまいます」など，子どもの自主性に関する悩みが多くありました。

　いっぽう，ある中学校の2年生の子どもをもつ保護者に事前にアンケートをしたところでは，「ついつい子どもの行動が気になってしまい，口うるさく言ってしまうので，子どもが反抗的になってしまいます」「気分によって同じことを言っても『うるさいな』などと言って，文句を言ってきます。どうしたらいいでしょう」など，思春期に入り始めた子どもたちに苦戦する保護者の思いが返ってきました。

　このように，子どもの発達段階によって，親がもつ子育ての悩みは違ってきます。こうした悩みを具体的にすくい上げ，率直に向き合う場面をつくっていくことによって，保護者が「来てよかった」と思える保護者会になっていくのです。

　保護者のアンケートだけでなく，必要によっては，学校の実態から保護者会の内容を検討することもあります。

　例えば，ある学校では，命にかかわる出来事を踏まえ，子どもたちに命の大切さを教え

ることを重点として取り上げました。その実態を踏まえると，保護者会でも，命の大切さを保護者に訴えていくことが大切です。それは，保護者自身も命の大切さということに現在，強く心を動かされていると考えるからです。

ニーズに即した実践例

さきのアンケートで示したように，ある学校では，「なかなか自分から始められず，親が言わないとできません。そして，つい口うるさくなってしまいます」「お手伝いは言うとしぶしぶするのですが，いつも忘れてできません。自分でするようにさせたいのですが，どうも怒ってしまいます」などの保護者の意見が聞かれました。そこで，アプローチ1（課題に気づく）で，保護者会を実施しました。

最初に，参加者の緊張をほぐすための活動を行ったあと，次のようなロールプレイを実施しました。

学校から帰ってすぐゲームを始めた子ども役に，「宿題はどうするの？」と母親役が声をかけます。子ども役は「今日は時間があるから，ゲームを1時間したら勉強する」と答えます。それを聞いたお母さん役は，「勉強がさきで，ゲームはあと！」と怒り出します。

参加者に，この場面を見て自分が母親だったらどのように声をかけるか話し合ってもらいました。「まるで自分の家のようだわ」「自分を見ているようで恥ずかしい」といった声が聞かれました。しかし，ロールプレイを通して自分を客観的に見ることで，「子どもが『1時間たったら勉強する』と言っている気持ちを大切にしたい」という意見が聞こえるようになります。教師はそのタイミングを逃さず，子どものやろうという気持ちをキャッチすることの大切さを伝えます。このようなロールプレイと話し合いを繰り返し，日々の生活のなかで，どうかかわれば子どもの自主性を育てられるかを考えます。

なお，この内容については，第1章に詳しく示してあります。

第1節でも述べたように，アプローチは5つありますが，順番に行う必要はありません。アプローチ2（方針を立てる）を実施してから3（子どもとかかわる実習）を実施してもいいですし，1（課題に気づく）を実施して4（家族の役割）を実施してもかまいません。また，すべてのアプローチを実施する必要もなく，アプローチ5（生き方を探る）だけ実施することも可能です。

大切なことは，学校や保護者の実態，要望に応じて実施することで，これが，保護者が満足する保護者会に結びつくと考えます。

3節 実践の流れ
始めから終わりまで ニーズに即した実践を

始まりは,教師の「何とかしたい」という思いから

　本書で提案する保護者会は,学級懇談会,学年懇談会,学校のＰＴＡ研修会など,形式はさまざまですが,その始まりは,教師の「何とかしたい」という思いです。「この子どもたちを何とかしたい」「もう少しよくしたい」という思いは,教師だけではなく,親も同様に抱いています。教師も保護者もともによくしたいと願っています。ここが,保護者会のスタートです。

　何とかしたいという思いは,「こうなってほしいが,なっていない」という課題があるからです。その課題をはっきりさせていくことが大切です。学級懇談会であれば担任の願いで,学年懇談会であれば学年主任や学年の担当の思いで始まります。学校全体に渡る保護者会であれば,生徒指導主事や教育相談主任,あるいは管理職の思いで始まります。

ニーズと実態を把握する

　前節で述べたように,まずは,自分の学校の実態や課題をとらえること,保護者の要望や悩みを把握することです。子どもは日々成長しています。その子どもを育てている保護者の悩みも,子どもの成長に合わせて変化しています。したがって,そのときの保護者の悩みや疑問にあった保護者会を実施することで,保護者のニーズにこたえた保護者会になるのです。そのためには,簡単でもいいのでアンケートをとってみることです。アンケートは,担任に聞いてみたいことや,日ごろの子育てで困っていることなど自由に記述できる欄を設けます。

　学級や学校の実態も同様に,「現時点での実態」が重要です。このとき,自分一人の観察だけでなく同僚の先生方の意見なども参考にすることが大切です。

ニーズに合った内容を検討し，案内を配布する

　保護者の悩みや学校の実態が把握できたら，それにこたえられる保護者会の内容を考えます。内容の検討が終わったら，保護者に開催の案内を出します。案内は，保護者の疑問や悩みにこたえる保護者会であることが伝わるよう表現を工夫し，一目でわかる簡潔な表現を心がけることが大切です。もしも二度目の保護者会であれば，前回参加した保護者の感想などが入っていると，参加への期待も高まるでしょう。

実施の流れ　～導入・展開・終末～

　解決したい内容によってアプローチは5つありますが，どのアプローチも，導入・展開・終末といった一連の共通した流れがあります。まず，導入は，緊張をほぐすゲームを行い，人間関係を活性化させます。また，グループごとに自己紹介を行い，話しやすい雰囲気をつくります。

　展開は，5つのアプローチによってそれぞれ異なります。保護者の気づきもアプローチによってさまざまです。

　終末は，参加した保護者が自分自身を振り返ります。自分なりの気づきやグループごとの気づきをわかち合い，その後，今日の体験や気づきを保護者が整理できるよう，教師がまとめの話をします。そして，最後にアンケートに記入していただいて終わります。

実施の成果をあとにつなげる

　場合によると，教師と保護者の親近感が増し，保護者会終了後，その場で子育て上の相談を受ける場合があります。また，保護者同士が親しくなり，メールアドレスの交換をして連絡を取り合うようになることもあります。したがって，多少の時間的ゆとりをみておくことも大切です。

　実施内容によっては，アンケートを，個々人持ち帰って家庭に掲示し，1カ月後にもう一度自分の子どもへのかかわりを振り返れるよう工夫することもできます。さらに，参加した保護者の了解のもと，感想を学級通信や学年通信で紹介することも，今後の保護者会に向けた大切な布石となります。アプローチ2（方針を立てる）では，話し合いの内容を「○○学校　子どもとのかかわり方の秘訣」とまとめ，ＰＴＡ新聞として紹介した例もあります。

　このように，保護者会の成果を，その場だけで終わらせるのではなく，あとにつなげていくことが重要です。

序章　●体験型の子育て学習で進める保護者会

4節 事前の準備
「いま, ここで」の保護者の思いと学校の実態にそった準備

現時点での保護者の悩み, 学校の実態を把握する

　前節で, 保護者に対するアンケートの大切さを述べました。下にアンケートの例を示しましたが, 形式はどのようなものでもよいと思います。ただ, 担任に聞いてみたいことや, 子育てで困っていることなど自由に記述できる欄を設けておく必要があるでしょう。

　保護者が子育てでかかえる悩みは, いままでの実践から, 次の3つに分けられます。

① 子どもとのかかわり方に関する悩み——「どうしたらいいか」「かかわり方はわかっているが, 上手にかかわれない」など。小学校の子どもをもつ保護者に多くみられます。

② 家族の関係に関する悩み——「父親にもう少し話し相手になってほしい」「下の子と仲よくしてほしい」など。小学校高学年以上の子どもをもつ保護者に多くみられます。

③ 子育てと自分の生き方に関する悩み——「仕事と子育てをどうしていくか」「自分の時間がもてなくてイライラしてしまう」など。中学生以上の子どもをもつ保護者に多くみられ

保護者へのアンケート形式例

ます。

　なお，アンケートは絶対に必要というわけではありません。アンケートの代わりに，日ごろ，教師が接する保護者の様子から実態を考えてもよいでしょう。その場合，より客観的にとらえられるよう，同僚の先生方の意見を聞いてみることが大切です。

　また，実態は「現時点での実態」が大切です。学級や学校の実態を考える場合も，自分だけの観察だけでなく同僚の先生方の意見なども参考にするといいでしょう。

アンケート結果から，内容・テーマを決める

　実態がつかめたら，次は，保護者会をどんな内容にするかテーマを決めます。

　さきに述べた家族の関係や子育てと自分の生き方については，アプローチ4（家族の役割）や5（生き方を探る）で，そのまま実施できます。しかし，子どもへのかかわり方は子どもの発達によりさまざまなので，アプローチ1（課題に気づく）や3（子どもとかかわる実習）で実施する場合に，ある程度絞り込む必要があります。

　アンケート結果から内容を絞り込むとき，アンケートを仲間分けしてテーマを決めてもいいのですが，より簡単な方法として，チェックシートがあります。これを使えば，アンケート結果から子どもの発達段階にそって，テーマが決められます。

　チェックシートを使ってテーマを決めるなかで，子どもに身につけさせたい力を考えたり，テーマにかかわる子育てのポイントを考えたりすることで，保護者会の内容がよりはっきりしてきます。

　子どもへのかかわり方については，おもにアプローチ1（課題に気づく），2（方針を立てる），3（子どもとかかわる実習）で対応します。

　アプローチ1で実施する場合は，かかわり方に気づくことがおもな内容です。学級懇談会や学年保護者会（含：低学年，中学年，高学年保護者会）など，学年が広がらなければ，チェックシートのテーマがそのまま使えます。「かかわり方はわかっているが，うまくできない」という場合，アプローチ3で対応します。テーマはアプローチ1と同様に設定すればいいでしょう。

　全学年の保護者が参加するような保護者会，例えば，ＰＴＡ研修会などの場合は，子どもへのかかわり方といってもさまざまです。小学校1年生と6年生の保護者では，そのかかわり方は異なります。このような場合，アプローチ2が有効です。この場合も，チェックシートを参考に内容を考えておくことを勧めます。

序章　●体験型の子育て学習で進める保護者会

「アンケート結果」から「テーマ」を導くチェックシート

親の願い・悩み・不安（アンケート結果）	子どもに身につけさせたい力	テーマになること	
・将来なりたいものが見つからない。 ・進路がはっきりしないことが気になる。	・自分の将来に夢をもつ。		（自我の確立）
・劣等感が深刻になって心配。 ・やけになることが多くて困っている。 ・不安定に見えることがあって心配。	・自分を大切にすることができる。	○自己理解を深める。	
・机をたたいたり，物にあたる。 ・親に反抗して困る。 ・反抗する子にどう接するか。	・欲求やストレスを解消する方法を知る。		
・成人向け雑誌を隠して持っていたのを見つけて困った。 ・異性を気にし過ぎてほかのことがおろそかになる。	・異性に対して健全な関心をもつ。	○性的成熟を促す。	～
・自分の容姿を気にしすぎる。 ・自己嫌悪感が強くなる。 ・性のことをどう話すか。 ・体の変化が大きく，とまどう。	・自分の性を受け入れる。		（社会性の基礎の確立）
・子ども会のリーダーを自覚した行動がとれない。 ・年下の子どもの面倒をみられるようにさせたい。	・異年齢集団の中でリーダーシップをとる。	○社会的スキルを伸ばす。	
・場に応じた言葉や行動をとらせたい。 ・敬語を含めきちんとした行動をとらせたい。 ・言葉遣いの乱れが気になる。	・時と場所と目的を意識した行動がとれる。		
・仲よしグループに入れない。 ・仲間はずれにされて心配。 ・友達とのいさかいを知ったとき，どう対処したらよいか。	・友達との緊密な関係がつくれる。	○友達に対する信頼感や絆を育む。	～
・友達を思いやる心を育てるにはどうしたらいいか。 ・友達への不満をよく言うのが気になる。	・友達のよさを認め，尊重して交際ができる。		（自主性の発達）
・ゲームをする時間などのきまりごとを守らせたい。 ・小遣いをどうするか。	・やらなければならないことをするために自分の欲求を抑える。	○やるべきことにすすんで取り組む気持ちを育てる。	
・親が言わなくても勉強を始めるにはどうするか。 ・家庭内の仕事をさせるにはどうしたらいいか。 ・自主性・やる気を伸ばすにはどうしたらいいか。 ・自分でするようになるにはどう見守るのか。	・勉強や家庭内の仕事を自分からする。		
・子どもに自信をもたせるにはどうしたらいいか。 ・どうしたら積極的に行動できるか。 ・思っているけど実行しないのをどうしたらいいか。 ・素直ではなく，親の思いどおりに動かない。	・一人でもやろうと思ったことをする。	○やればできるという自信を育てる。	～
・友達をつくるにはどうすればいいか。 ・クラスになじむにはどうしたらいいか。 ・友達とのつきあい方がわからない。	・親しい友達をつくる。	○仲間と群れて遊ぶ楽しさを育む。	（自主性のめばえ）
・友達同士で遊びに行かないのが気になる。 ・友達と遊ばないでゲームばかりしているのが気になる。	・ギャングエイジの遊びをする。		
・宿題を約束どおりにどうさせるか。 ・できなかったときにどう注意するか。 ・家の中の決めたこと（役割）をどう続けさせるか。 ・登校時刻や宿題など学校のきまりや約束をどうしたら守れるか。	・宿題や決めたことに対して，きちんと取り組める。	○やりたくなくてもやらなければならない気持ちを育てる。	
・興味をもてるようにするにはどうしたらいいか。 ・好きなことがはっきりしない。	・興味をもったことがやれる。	○自分らしくがんばる大切さを育てる。	
・言葉で自分の意思を言えるようにするにはどうしたらいいか。 ・人前で発言できるようにするにはどうすればいいか。 ・元気よくあいさつをするのが苦手。	・自分の考えをもって言葉で伝える。		

テーマ設定の仕方の例

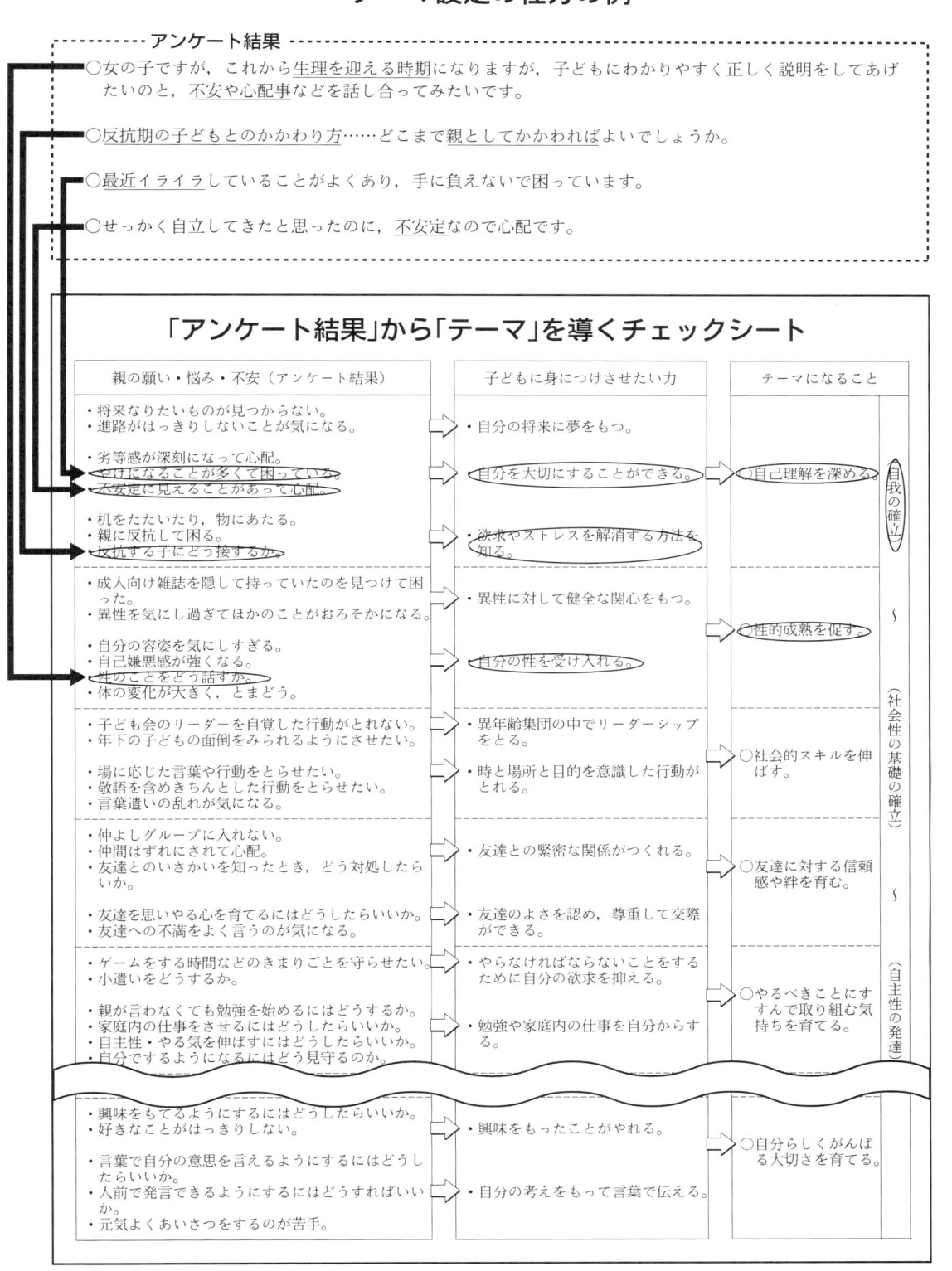

アンケート結果

○女の子ですが，これから生理を迎える時期になりますが，子どもにわかりやすく正しく説明をしてあげたいのと，不安や心配事などを話し合ってみたいです。

○反抗期の子どもとのかかわり方……どこまで親としてかかわればよいでしょうか。

○最近イライラしていることがよくあり，手に負えないで困っています。

○せっかく自立してきたと思ったのに，不安定なので心配です。

「アンケート結果」から「テーマ」を導くチェックシート

親の願い・悩み・不安（アンケート結果）	子どもに身につけさせたい力	テーマになること	
・将来なりたいものが見つからない。 ・進路がはっきりしないことが気になる。	・自分の将来に夢をもつ。		自我の確立
・劣等感が深刻になって心配。 ・気になることが多くて困っている。 ・不安定に見えることがあって心配。	・自分を大切にすることができる。	○自己理解を深める。	
・机をたたいたり，物にあたる。 ・親に反抗して困る。 ・反抗する子にどう接するか。	・欲求やストレスを解消する方法を知る。		
・成人向け雑誌を隠して持っていたのを見つけて困った。 ・異性を気にし過ぎてほかのことがおろそかになる。	・異性に対して健全な関心をもつ。	○性的成熟を促す。	～（社会性の基礎の確立）～（自主性の発達）
・自分の容姿を気にしすぎる。 ・自己嫌悪感が強くなる。 ・性のことをどう話すか。 ・体の変化が大きく，とまどう。	・自分の性を受け入れる。		
・子ども会のリーダーを自覚した行動がとれない。 ・年下の子どもの面倒をみられるようにさせたい。	・異年齢集団の中でリーダーシップをとる。	○社会的スキルを伸ばす。	
・場に応じた言葉や行動をとらせたい。 ・敬語を含めきちんとした行動をとらせたい。 ・言葉遣いの乱れが気になる。	・時と場所と目的を意識した行動がとれる。		
・仲よしグループに入れない。 ・仲間はずれにされて心配。 ・友達とのいさかいを知ったとき，どう対処したらよいか。	・友達との緊密な関係がつくれる。	○友達に対する信頼感や絆を育む。	
・友達を思いやる心を育てるにはどうしたらいいか。 ・友達への不満をよく言うのが気になる。	・友達のよさを認め，尊重して交際ができる。		
・ゲームをする時間などのきまりごとを守らせたい。 ・小遣いをどうするか。	・やらなければならないことをするために自分の欲求を抑える。	○やるべきことにすすんで取り組む気持ちを育てる。	
・親が言わなくても勉強を始めるにはどうするか。 ・家庭内の仕事をさせるにはどうしたらいいか。 ・自主性・やる気を伸ばすにはどうしたらいいか。 ・自分でするようになるにはどう見守るのか。	・勉強や家庭内の仕事を自分からする。		
・興味をもてるようにするにはどうしたらいいか。 ・好きなことがはっきりしない。	・興味をもったことがやれる。	○自分らしくがんばる大切さを育てる。	
・言葉で自分の意思を言えるようにするにはどうしたらいいか。 ・人前で発言できるようにするにはどうすればいいか。 ・元気よくあいさつをするのが苦手。	・自分の考えをもって言葉で伝える。		

序章 ●体験型の子育て学習で進める保護者会

5節 事中の対応
保護者が安心して学べる場所に

保護者が安心できる雰囲気づくり

　参加する保護者は，子育て，家庭，仕事と多忙ななかで，悩みをかかえていることが少なくありません。横のつながりも少なく，一人で参加している場合も多いようです。このような保護者が安心して話し合え，悩みを解決できる場所になるよう工夫することが大切です。

　そのためには，まず，参加した保護者に声をかけるなど，教師自らが歩み寄る気持ちをもち，それを相手に伝えることです。保護者にとって，教師が気軽に話せる存在になることがスタートです。また，リラックスした雰囲気にするためBGMを流すなどの工夫も重要です。PTA役員さんと相談してお茶を用意したりしてもいいでしょう。

　つまり，安心でき，受け入れられていると感じる雰囲気づくりが大切なのです。受け入れられ認められるなかで，自分自身を見つめ直すことができるからです。自分を見つめ直すことができたとき，「来てよかった」と感じます。

つながるためのウォーミングアップ

　参加者は，お互いを知らない場合がほとんどです。したがって，最初は，緊張をほぐしたり，参加者同士がうちとけ合うための活動（アイスブレーキング）から始めます。

　まず，バースデーラインなどの簡単な活動から入ります。次に，簡単な自己紹介を行います。自分の子どもの自慢話から始めてもいいでしょう。自慢話と言っても「うちの子はゲームが得意なんです」とか，「うちの子はご飯をよく食べるんです」など，何でも自慢になることを教師がモデルとして例示するといいでしょう。

　なお，アプローチ4（家族の役割）などのように，話し合いが少ない場合は，じゃんけんボーリングなど動きのある活動がいいと思います。

保護者の思いを満たすアプローチ

　次は，いよいよアプローチにかかわる活動です。保護者は期待をもって参加しています。いままでの実践から，保護者は次の2つのことを求めていることがわかります。

　一つは，「新しい学び」です。それは，いままで気づかなかった新しい見方に気づくことであったり，子育てにすぐに役立つ知識であったりします。

　もう一つは，「家庭で見られないわが子の様子」です。親は，家庭では知ることができないわが子の気持ちや成長を知りたいものです。各アプローチはこれらのことが満たされるよう構成されています。

　なお，話し合いを進めるときは，各グループを4人程度にすると全員が話し合いに参加できます。また，話し合いのルールとして，グループの全員が必ず話ができるよう声をかけることも大切です。ただし，話の苦手な方もいるので，柔軟に対応することも必要です。

　ワークシートを使う場合は，書く時間に個人差があるので，全体を見渡して進行する必要があります。自分で書いたシートを見られたくない方もいますので，お互いに見せ合わなくてもよいことなどを，ひと声かけておく配慮も大切です。

振り返りとまとめで，一般化を図る

　活動の最後に，今日の体験を振り返ります。振り返りはグループで話し合う場合もありますが，一人でワークシートに書き込んで振り返る場合もあります。いずれにしろ，自分が体験したことをもう一度自分で振り返ることにより新たな気づきが生まれます。

　そして，最後に教師からまとめの話をします。

　これは，参加した保護者がここでの体験を整理するために行うもので，これにより，体験した場面以外でも今日学んだことが生かせます。つまり，日常生活のなかに学びが生かせるよう一般化を図るのです。

　例えば，ある実践では，アプローチ1（課題に気づく）のロールプレイで，夕食後，子どもから「お母さん，私，みんなからきらわれているのかな？」と声をかけられ「大丈夫よ」と返事をする母親について考えました。振り返りでは，参加者自身がこの子どもと同じように気持ちをわかってもらえなかった場面を思い出し，そのときどう言ってもらえればよかったか自身の思いを振り返りました。そして，まとめでは，子どもの気持ちに焦点を合わせた言葉を返すことで，子どもは安心し，前向きに取り組めることを話しました。

　振り返りとまとめは，日常生活に学んだことを生かしていくうえで大切な時間です。

序章　●体験型の子育て学習で進める保護者会

6節 留意点と事後の対応
実態に応じたアレンジと事後のつなぎ

グループ対応の留意点

　各アプローチは，グループで話し合う活動が多くあります。グループへの対応として次のような留意点があります。

①一時的にグループの話し合いに教師が入る場合

　例えば，どのように話を進めてよいかわからないグループには，教師が一時的にそのグループの司会として入ります。そして「～といった場合，みなさんならどう思われますか。〇〇さん，いかがでしょう」などと，話を展開させる役目をします。話が動き出せばその場を離れます。また，一人だけがずっと話をしているグループもあります。このような場合も，そのグループに入って，まずその方の話を聞きます。そして，別の参加者に「いまのお話を聞いて，〇〇さんはどう思われましたか」と話を振ってみてもいいでしょう。そして，また別の方に同じように聞いてみると話に動きが出てくると思います。

　学年懇談会など複数教師がいる場合，あらかじめ教師同士で担当グループを決めておいてもよいでしょう。

②グループで話し合った内容を取り上げる

　例えば，グループの話し合いのあと，「〇〇のグループでは～のような話がありました」と簡単でもよいから取り上げることです。こうすることで，参加者は，自分たちのことを見ていてくれる，意見を取り上げてくれると実感でき，講義式の一方的なコミュニケーションにならなくてすみます。

工夫のしどころ

　それぞれのアプローチは，学級や学年の実態によっていろいろと工夫が可能です。
　例えば，アプローチ1（課題に気づく）のロールプレイは，まさに学級や学年，さらに

は学校の実態に応じてさまざま考えられます。その学級や学年で日常的にありそうな場面を取り上げるといいでしょう。そのような場面を参加者にわかりやすく工夫して示せると，内容がより身近に感じられ，話し合いも真剣になると思います。そのためには，日ごろの観察が欠かせません。なにげない出来事やエピソードを記憶にとどめたり，メモしたりしておくと，あとで役立ちます。

また，アプローチ3（子どもとかかわる実習）では，保護者と子どもで一緒に何をするか，ここでも工夫ができます。学級や学年の実態をつかむことで，どんな内容にすればよいかはっきりしてきます。

以前，保護者同士がなかなかうまくいかない学年で，学年保護者会（親子行事）を実施しました。数名の保護者と子どもでグループをつくり，粘土でお弁当作りをしました。まず，子どもたちが作りたいお弁当を決めます。「元気が出る弁当」「宇宙お弁当」など，子どもたちが自分の思いを話し合います。周りで聞いていた保護者は，その思いに合う弁当箱をほかの保護者と協力して作ります。子どもたちは，その弁当箱の中身を作って入れて完成させます。この保護者会では，保護者が協力すると，子どもたちがいっそう仲よく遊べることを体験してもらいました。

このように，活動は，教師の工夫しだいでどのようにでも変化できます。実態に合った内容を工夫してみてください。

保護者会後のつながりを大切に

活動が終了したら，アンケートを書いてもらいます（アンケートの具体例は，各アプローチにそれぞれ示してあります）。アンケートの内容は，感想だけにとどまらず，例えば，今後の子どもへのかかわり方や1カ月後の目標など，活動内容に即した項目をあげ，それに記入してもらいます。

参加者の感想は，次回の改善に生かします。例えば，まとめの話が時間的に短くなってしまった場合，「もう少し先生の話が聞きたかった」といった感想がよくみられます。そのような場合，次回は活動を短くし，まとめの話を長くしたり，必要に応じて，学級通信や学年通信などで話せなかった内容を知らせます。

また，保護者会の内容とその保護者がかかえている子育ての悩みが重なった場合などに，その場で参加者から相談を受ける場合があります。そのようなときには，まず話をじっくり聞き，その場で相談する必要があるか，時間をかけて継続的に相談したほうがよいか判断します。こうした緊急の場合の対応に備え，保護者会のあとは時間をあけておくとよいでしょう。

序章 ●体験型の子育て学習で進める保護者会

7節 かかせない教師の心構え
保護者の気持ちにより添い，ともに子どもを育てていく

保護者会をつくる教師の姿勢

　保護者会をつくる教師の基本的な姿勢は，すでに述べてきたように，教師が保護者とつながろうとする姿勢です。そのような姿勢を示すことで，保護者は学校を身近に感じ，親しみをもつでしょう。
　具体的には，次のようなことがあげられます。

①**教師から保護者に歩み寄る**
　保護者が会場に入ってきたら，教師は自らあいさつし，話しかけようとする姿勢が大切です。教師のこのような態度は，たんに親しみを感じさせるだけでなく，硬い雰囲気をやわらげる効果もあります。また，子どもを育てる同じ一人の大人として，同じ目線で話しかけるといった「話す姿勢」も大切です。同じ立場で保護者に歩み寄ろうとする姿勢が保護者につながりを感じさせます。

②**保護者の意見を取り上げる**
　保護者の意見を取り上げることで，教師が保護者を受け入れていることが伝わります。そして，保護者とのつながりが深まります。
　保護者会は，グループでの話し合いが多く行われますが，教師は会場を回り，各グループの保護者がどんな話をしているか確認します。そして，必要に応じてそのグループの話の内容を全体のなかで紹介するなど，保護者の意見を大切に扱う姿勢が重要です。人数が少なければ，グループでなく，一人一人の保護者に「どう思われますか？」「さきほどの意見を伝えてください」など個別に話しかけてもよいでしょう。

③**わかりやすく伝える**
　むずかしい言葉を避け，だれにでもわかりやすい言葉で伝えることが大切です。したがって，わかりにくい専門用語はひかえるほうがいいでしょう。また，教師自身の経験や体験

を踏まえた話を加えると話に説得力が出るだけでなく，「教師も自分たちと同様に，子どもを育てる一人の大人なのだ」と思い，身近に感じられると思います。こうしたことも，教師が保護者にとってより近い存在になる，つまり，保護者とつながることになると考えます。

袋小路に入ってしまった保護者への支援

　保護者会に参加した保護者が子育てに向き合って，袋小路に入ってしまったときにはどうしたらいいのでしょうか。一つの答えは，本書で提案する「新しい保護者会」のなかにあると考えます。

　「新しい保護者会」は，子育てにかかわるカウンセリングの過程でよく生じる内容から5つのアプローチに分け，構成されています。つまり，話すなかで自分の課題に気づいたり，視野を広げて考えることで見通しがもてたり，わかっていただけのことが少しできるようになったり，子どものことが家族の課題であることがわかったり，子育てが自分の生き方と関係していたりなど，子育てで出合う悩みに対応できるよう構成されています。

　したがって，まず袋小路に入ったことは，それだけ真剣に向き合っていることを伝えたうえで，その保護者の話をじっくり聞き，その悩みがどのアプローチのどのような内容なのか検討してみます。そして，わずかではあっても変化できるよう支援します。

　例えば，アプローチ1（課題に気づく）の実践のなかで，「小学校3年生の子どもとのスキンシップが足りないことに気づいたものの，どうしたらいいかわからなくなってしまった」という保護者がいました。こういう場合，教師はその保護者ができそうなことを一緒に考えます。その方の場合，「一緒にお風呂に入ることは時間的に無理でも，お風呂から出てきたときに頭をふいてあげることはできそうだ」と考えました。

　また，アプローチ4（家族の役割）の実践のなかで，「中学校1年生の子どもの問題は，実は夫婦の関係にありそうだ」と保護者会で気づいたけれど，どうしたらいいか困ってしまった人の場合，その方と一緒に考えたことは，「犬の散歩を夫婦で一緒にする」というものでした。

　このような，ほんの些細なことが大切です。わずかな変化が生じればその袋小路から抜け出すことができるでしょう。

　子育てはほんとうにむずかしいことですが，それだけにやりがいがあります。

　保護者とともに教師が子育てに一緒にかかわれることは，とても意義深いことではないでしょうか。

第1章

アプローチ1　課題に気づく

第1節　**親子のコミュニケーションを見直す　28**

ワーク①　「ジュースこぼしちゃった」子どもの気持ちを受けとめる　**30**

ワーク②　「帰り道けんかになったよ」友達同士の信頼感と絆を育む　**34**

ワーク③　「宿題やった？」自信をもたせるかかわり方　**38**

ワーク④　「十代のスタート地点で大切なこと」前思春期の子どもの心の理解　**42**

ワーク⑤　「きらわれているのかな？」子どもの気持ちに共感する　**46**

ワーク⑥　「そういう言い方しないで！」思春期の子どもの心の理解　**50**

第2節　**子どもが向ける親への願いに気づく　54**

ワーク⑦　「子どもの生の声を聞こう！」　**56**

●コラム　「いい影響を及ぼすコミュニケーションとは」　**60**

○実践者の声　「保護者セミナー5回の成果」　**62**

第1章　●アプローチ１　課題に気づく

1節 親子のコミュニケーションを見直す

ワーク①⇒30p，ワーク②⇒34p，ワーク③⇒38p
ワーク④⇒42p，ワーク⑤⇒46p，ワーク⑥⇒50p

ここがおすすめ！

　子どもの思いを受けとめ，「子どもがわかってくれた」と思えるような対応ができれば，親子の絆が深まり，直面する問題に対して前向きに解決しようと思います。このワークでは，教師が演じるロールプレイを見て，子どもが発するメッセージをどう受けとめ，どうかかわるかという相互コミュニケーションについて学びます。

　このワークは，教師が演じるロールプレイを見ることが中心で，実際に保護者が行う場合も人形などを使う抵抗の少ない活動ですので，不安になることはありません。なごやかな雰囲気のなかでワークを行い，自分の考えを伝えたり人の意見を聞いたりするなかで，親子のコミュニケーションについて学びます。つまり，わが子とのかかわり方を振り返り，親子の相互コミュニケーションを成立させるにはどうかかわっていくべきか考えます。

ワークの展開と気づきの流れ

1. 教師が演じる「親子で会話が成り立っていないロールプレイ」を見る
   ⇒（保護者）「あるわねえ，こんなこと。家なんか，しょっちゅうよ」
2. この親はこのときどう感じるかを話し合う
   ⇒（保護者）「『この子はまたつまらないことを言い出したわ』という感じね」
3. この子どもはこのときどう感じるかを話し合う
   ⇒（保護者）「『お母さん，聞いてよ。どうしたらいいかわかんないよ』かしら」
4. 親はどうしたらよいかを話し合う
   ⇒（保護者）「たまには子どもが何を言いたいのか，よく聞いてやらなきゃね」

こんなとき，このアプローチ

　子育てセミナーの初回として，毎日の親子のかかわりを見直すのに最適です。ロールプレイの場面を変えることで，話題となるテーマを，保護者の願いにそわせることができます。具体的には，以下のようなアンケートの声にこたえられます。

- 子どもをついしかってしまう　　　　　　　→実践は30ページ
- 子どものけんかに口をはさんでいいのか　　→実践は34ページ
- 子どもに自信をもたせたい　　　　　　　　→実践は38ページ
- 子どもが口をきいてくれない　　　　　　　→実践は42ページ
- 子どもの気持ちがわからない　　　　　　　→実践は46ページ
- 思春期の子どもとどうかかわったらいいか　→実践は50ページ

特別な準備や，特に事前にしておきたいこと

　大事な点の一つ目は，保護者から集めたアンケートの内容にそったテーマを設定することです。二つ目は，テーマを決めた理由をワークを始める前に伝えておくことです。これにより，保護者一人一人が，自分の願いも取り入れたテーマであることが認識できます。

　また，一人でロールプレイするのは教師にとっても抵抗感があると思いますので，学年単位で実施したり，担任外の先生に協力してもらったりするとよいでしょう。その際，事前にロールプレイのリハーサルの時間をつくって練習しておくことが成功の秘訣です。役者のように上手に演技することは考えず，「先生が本気でやってくれている」「先生の違う面が見られた」と感じさせることが，このワークを成功させる第一歩です。

第1章　●アプローチ１　課題に気づく

1節　親子のコミュニケーションを見直す　ワーク①

子どもの気持ちを受けとめる
ジュースこぼしちゃった

（吹き出し）「ジュースこぼしちゃった」「お兄ちゃん何やってるの！」

- **時間** 90分　●**校種と学年** 小学校低学年　●**人数・隊形** 5～50人程度
- **準備** 名札（人数分），子どもの幼いころの写真（各自持参），ぬいぐるみ3個×グループ数分（ロールプレイ用），振り返り用紙，筆記用具
- **ねらい** 子どもの気持ちを受けとめる。

活動と保護者の様子	留意点と掲示物
導入 **1　ねらいと概要の説明** ●「先日のアンケートの結果，『子どものしつけについて』『子どものしかり方とほめ方』などの課題が出されました。そこで，子どもの気持ちを親がどう受けとめるべきかについて，一緒に考えていきましょう」 **2　2人組で自己紹介と4人組で他己紹介** ●「始めに2人組をつくり，子どもの写真を見せながら子どもが生まれたときに感じた，うれしかったことやつらかったことについて話しましょう。例えば，『○○です。子どもは○○です。この子が生まれたときは4000gありお産は大変でしたが，元気な産声を聞いたときはほんとうにうれしかったです』とこんな感じです。時間は1人1分以内です。では，どうぞ」 ●「次に，周囲の人と4人組をつくり，初めに組んだ2人組の相手のことを，2人に紹介しましょう。では，どうぞ」 ●「和気あいあいと，あちこちで笑いがあふれていました。ほかの人の子どもへの思いを知ることで，自分自身の子どもへの思いが，より鮮明になったのではないでしょうか」 **3　教師が演じるロールプレイを見せる** ●「これから，兄弟が2人で留守番したときの様子を劇でお見せします。子どもの気持ち，母親の気持ちを考えながら見てください」	・スタッフが自己紹介をする。 「アンケート結果より」 ・子どものしつけ ・しかり方とほめ方 ・紹介の例を示す。 「2人組で自己紹介」 ・自分の名前 ・お子さんの名前 ・生まれたときのこと 　（写真を見せながら） 「4人組で他己紹介」 ・隣の人の名前 ・隣の人のお子さんの名前 ・隣の人のお子さんの生まれたときのこと ・教師が，母親役・子ども役をロールプレイで示す。

			アプローチ1 課題に気づく
展開	【場面1】兄弟で留守番中，兄弟げんかが始まる。はずみで，テーブルの上のジュースをこぼしてしまう。その後母親が帰ってきて，床にこぼれたジュースを見て，事情を聞かずに，「何やっているの。お兄ちゃん」と一方的に兄をしかる。	【場面1】 兄弟げんか中にジュースがこぼれる。帰宅した母親は……	
	4 子どもにかける言葉を考える ●「場面1を見て，自分が母親だったらどう声をかけますか。4人グループで話し合ってください」 ●「話し合いで出た意見を，代表の方が発表してください」 ●「子どものしかり方についての各家庭の実態や，こうしたらいいのではという意見が出されましたね」	「自分だったらどんな言葉をかけるか」 ①4人組で話し合い ②全体に紹介	
	5 教師が演じるロールプレイを見せる ●「今度は，人形を使った劇をお見せしますので，話し合ったことを生かして，自分が母親だったらどうかかわるか考えながら見てください」		
	【場面2】初めて留守番をした太郎君と花子ちゃん（ぬいぐるみ使用）。遊んでいるうちに，花子ちゃんがジュースをこぼしてしまう。太郎君は，床にこぼれたジュースをとっさにふいたが，ぞうきんがわりに使った物はお母さんが大切にしていたスカーフだった。	【場面2】 遊んでいるうち，ジュースがこぼれる。とっさにぞうきんがわりに使った物は……	
	6 ロールプレイを行い，子どもにかける言葉を考える ●「場面2を見て，続きの場面を4人組で，母親役・子ども役（2名）・観察者になって演じます。場面2のあとこのお母さんはどうかかわったか，順番に母親役になり演じてください」 ●「全体の前で，グループごとに話し合ったことや感じたことを発表してください」 ●「話し合いや子ども役・母親役を演じることを通して，自分の子どもへのかかわり方を振り返ることができましたね」 ●「自分たちが演じたことや，演じてみた感想を発表してください」	「子どもにかける言葉」 ①4人組で演技 　母親役・子ども役（2名）・観察者 ②全体の前で発表 　演じたことの説明 　演じた感想	・全体の前での演技の発表は，打診しておいて了解を得たグループのみでよい。
終末	**7 保護者自身の体験を振り返る** ●「みなさん自身，どんなしかり方をしていますか。また，しかり方だけでなく，ほめ方も振り返ってみましょう」 **8 まとめ** ●「みなさんの発表を聞くと，『これからはこうかかわっていこう』という意欲が表れていて感心させられました」	「保護者自身の体験を振り返る」 ・ほめ方 ・しかり方	

■参考文献：國分康孝監修『エンカウンターで学級が変わる　小学校編』図書文化

第1章　●アプローチ１　課題に気づく

ジュースこぼしちゃった
成果と留意点

● 実施中のエピソード

　写真を見せ合いながら，和気あいあいと自己紹介をする姿が見られました。他己紹介することを伝えると，驚きの声が上がりましたが，いざ行ってみると，写真を見せ合いながら，笑顔で他己紹介している参加者の様子が見られました。紹介してもらっている側は，少し恥ずかしそうでした。ロールプレイを見る場面では，教師の迫真の演技に笑いが起こりました。なごやかな雰囲気のなかで話し合いが行われ，活発に意見が出されました。各自が母親役，子ども役になって演じる場面では，参加者が楽しそうに演じる様子が見られました。各グループの発表場面でも笑いが起き，楽しみながら学ぶことができたようです。

● 実施後の結果

　参加者からは，「家での子育てにすぐ使える内容だった」「楽しかったし，わかりやすかった」「いろいろなシミュレーションをやったり，ほかの人の話を聞いたりしたので，自分の子育てを反省し，再確認するいい場になった」「一歩引いてみたり，一息おいて子どもをほめてあげたりすることも大切だと思った」などの感想が寄せられました。
　しかり方だけでなく，ほめ方についても振り返り，今後どうかかわっていくべきか考えるきっかけになったようです。

● 実施上の留意点

　教師のみでロールプレイを行う場合は，場面２のロールプレイを見たあと，「その後，このお母さんはどうかかわったか」についてグループで話し合います。参加者が同様のセミナーを何度か体験していて，保護者同士でロールプレイができるようであれば，出された意見をもとに保護者自身に演じてもらうとよいでしょう。実際に演じることで自らを振り返ると同時に，コミュニケーションの練習にもなります。しかし，自分で演技するのは照れくさいものです。演技することに対する抵抗感や緊張感を弱めるために，ぬいぐるみや人形を使用するとよいでしょう。これなら抵抗が少なく，「私にも演じられる」という人が多いと思います。

ワークシート・振り返り用紙

名前（　　　　　　　）

■場面1　自分が母親だったらどう声をかけますか。

[　　　　　　　　　　　　　　　　　　　　　　　]

■場面2　自分が母親だったらどうかかわりますか，演じてみましょう。（　）にそれぞれ演じてみた感想を書いてください。

　　　母親役　　（　　　　　　　　　　　　　　　　　　）

　　　子ども役1（　　　　　　　　　　　　　　　　　　）

　　　子ども役2（　　　　　　　　　　　　　　　　　　）

　　　観察者　　（　　　　　　　　　　　　　　　　　　）

■ご参加いただきありがとうございました。セミナーに参加した感想をお寄せください。

_____
_____
_____
_____
_____
_____
_____

第1章　●アプローチ１　課題に気づく

1節　親子のコミュニケーションを見直す　ワーク②

友達同士の信頼感と絆を育む

帰り道けんかになったよ

（どうしたの？／帰り道けんかしたんだ）

- 時間　60分
- 校種と学年　小学校中学年
- 人数・隊形　5～50人程度
- 準備　名札（人数分），振り返り用紙，筆記用具
- ねらい　子どもの視点に立って親のとるべき態度を考える。子ども同士の人間関係をうまく築けるようなアドバイスの仕方を見つける。

活動と保護者の様子	留意点と掲示物
導入 **1　ねらいと概要の説明** ●「中学年はギャングエイジと言われています。気があった仲間と密に行動することがよくあるのではないでしょうか。集団ができれば，トラブルも起きることでしょう。事前に行ったアンケートの結果にも，『子どものけんかに，親がどうかかわっていくべきか』などの内容が多く出ました。そこで今回のセミナーのテーマを『友達に対する信頼感や絆を育む』に決めました。実習を通して，楽しみながら一緒に考えていきましょう」 **2　自己紹介（握手をしながら）** ●「これから全員で自己紹介をします。立って２人組をつくり，相手と握手をしましょう。そして，握手をしながら自己紹介をしてください。終わったら違う人と２人組をつくり，同様に握手と自己紹介をしてください。では，どうぞ」 **3　緊張をほぐすゲーム（肩もみと自慢話）** ●「２人組をつくり，１人が肩もみをし，肩をもまれているほうがお子さんの自慢話をしましょう。自慢話といっても，『お花が好きなんです』『夕飯は残さず食べます』といったことでいいんですよ。時間は１分間です。では，どうぞ」 ●「１分たちました。交代です。今度は肩をもんでいた人が肩をもまれる番です。同じように，お子さんの自慢話をしてください。時間は１分です。では，どうぞ」 ●「近くのグループと４人組になってください」	・スタッフが自己紹介をする。 「アンケート結果より」 ・ギャングエイジについて ・子どものけんかについて 「全員で自己紹介」 ・２人組をつくる ・握手をしながら自己紹介する ・相手をかえて繰り返す ・自己紹介の例を示す。 「肩もみと自慢話」 ・２人組をつくる ・１人が肩もみ 　もう１人が自慢話 ・交代する ・肩もみと自慢話の例を示す。

34

展開	**4 教師が演じるロールプレイを見せる** ●いまから,ある場面を劇でお見せしますので,お母さんの気持ちと子どもの気持ちを考えてみてください。	【場面】 ・けんかするA君B君 ・B君が家に帰って事情を説明すると,お母さんは…… ・教師が,A君役・B君役・母親役をロールプレイで示す。
	【場面】A君とB君が2人で遊んでいる。帰り際A君がふざけてB君の帽子を取る。怒ったB君が「返せよ」とA君の胸ぐらをつかみ,A君は「何するんだよ」とB君の頬をぶつ。けんかをしたまま別れる2人。帰宅したB君を見て,B君の母親は「どうしたの?」と聞く。B君は事情を説明する。それを聞いたB君の母親は「まあ,何てことするのかしら。A君は乱暴ね。今後A君と絶対遊んじゃだめだからね。これからA君の家に電話しておくからね」と言う。	
	5 ロールプレイを見た感想を4人組で話し合う ●「お母さんの対応についてどう思いますか。そのときのお母さんの気持ちはどうだったでしょう。4人グループで話し合ってください」 ●「代表者は,グループで話し合われた内容を全体に紹介してください」	「ロールプレイを見て感じたこと」 ・母親の対応は ・母親の気持ちは
	6 子どもにかける言葉を4人組で話し合う ●「お母さんの様子を見て,B君はどう思っているのでしょう。また,子どもが友達とうまくつき合うために,母親はどのような声かけをしたらいいでしょうか。再度4人で話し合ってください」 ●「代表者はグループで話し合われた内容を全体に紹介してください」	「子どもにかける言葉」 ・B君はどう思っているか ・どのように声をかけたらいいか
終末	**7 保護者自身の体験を振り返る** ●「みなさん自身,子ども同士のけんかや仲間はずれなどのトラブルに,どうかかわったらいいか悩んだことはありますか? そのとき,どう言ってあげればよかったですか?」	「子どものトラブルへの対応」 ・子どものトラブルにどうかかわったらいいか ・どう言ってあげればよかったか
	8 まとめ ●「子どもの視点に立ってみると,自ずとどう声をかけたらよいか,親のとるべき態度が見えてきます。親は,自分の感情より,まず子どもの気持ちを推し量り,子ども同士の人間関係がうまくいくようなアドバイスができるとよいと思います」	

アプローチ 1 課題に気づく

第1章　●アプローチ1　課題に気づく

帰り道けんかになったよ
成果と留意点

● 実施中のエピソード

　4人組で話し合う場面では，活発に意見が出されました。男性参加者が入ったグループでは，「男性の意見が聞けてよかった」という感想が出ました。いろいろな立場の意見を聞くことで，視野が広がったようです。

　また，情報交換することで，保護者同士の関係が築かれていく様子がうかがえました。それまでは，子ども同士のトラブルを，結果的に親が助長していた感じもありましたが，セミナー後は子ども同士でうまく解決できるようになっていきました。

● 実施後の結果

　実施後のアンケートでは，「自分だったらと改めて考え，反省しました」「わが家のこととだぶりました」「冷静になることが大事ですね」など，自身の子育てのあり方を振り返る内容がたくさん出されました。また，「子どもの気持ちを大切にしたい」「子どもの視点で考えるようにしたい」など，今後大切にしたいことを見つけられたという感想が出されました。セミナーを通して，親自身も日々学ばなければならないことがたくさんあることに気づいたようで，今後に生かそうとする意欲を大いに感じました。

　このセミナーの成功がきっかけで，セミナーが2回目，3回目……と続くようになりました。学年懇談会として行われたこのセミナーは，回を追うごとに保護者の参加率が高くなり，保護者同士の関係が深まるとともに，保護者と教師の間の信頼関係も築かれ，大きな成果が得られました。

● 実施上の留意点

　意見が出づらい場合，ロールプレイでB君役をしていた方に対して「B君，お母さんの様子を見てどう思いましたか」と聞いてみるとよいでしょう。B君役の方から「また，明日もA君と遊びたい。電話しないでほしい」などの言葉が返ってくれば，B君の気持ちを想像する手だてになるでしょう。

ロールプレイの例

■場面1（帰り道）
A君：「B君，今日は5時になったから，そろそろ帰ろうよ」
B君：「うん，そうだね」
A君：B君の帽子をふざけて取る。
B君：「返してくれよ」
A君：「いやだよ。返してほしかったら取ってみな！」
B君：怒って，「返せよ」とA君の胸ぐらをつかむ。
A君：その手を振り払い，「何するんだよ」と言って，B君の頬をぶつ。そして，けんかしたまま別れる。

■場面2（B君の家）
母親：子どもの顔を見るなり「どうしたの？」と聞く。
B君：「A君に帽子を取られて取り返そうとしたらけんかになって，ぶたれたんだ」
母親：「まあ，何てことするのかしら。A君はほんとうに乱暴なんだから。いい？　もうA君とは遊んじゃだめ！　お母さんがA君の家に電話しておくからね」

振り返り用紙

名前（　　　　　　　）

■友達同士の信頼感や絆を育むために，親としてどんなことを大切にしたいですか？

第1章 ●アプローチ1　課題に気づく

1節　親子のコミュニケーションを見直す　　ワーク③

自信をもたせるかかわり方
宿題やった？

（宿題やった？／ゲームを1時間してからするよ）

- **時間** 90分　● **校種と学年** 小学校中学年　● **人数・隊形** 5〜50人程度
- **準備** 名札（人数分），子どもが幼いころ使っていたおもちゃや人形（各自持参），振り返り用紙，筆記用具
- **ねらい** 子どものやる気に応じた言葉かけが必要なことに気づく。

活動と保護者の様子	留意点と掲示物
1　ねらいと概要の説明 ●「先日のアンケートの結果では，『勉強への意欲を起こさせるにはどうしたらいいか』『やる気・根気を育むには』などの意見が出ました。勉強やお手伝いに対して，やる気が出ないお子さんがいるようです。やる気を起こさせるには，まず『やればできる』という自信をもたせることが大切です。そこで，今日はどうしたらお子さんが自信をもてるようになるのか，実習を通して一緒に考えていきましょう」	・スタッフが自己紹介をする。 「アンケート結果より」 ・やる気の起こさせ方 ・勉強の取組ませ方 ・やる気・根気の育て方
2　2人組で自己紹介と4人組で他己紹介 ●「始めに2人組をつくり，お子さんが幼いころ使っていたおもちゃや人形を見せ合いながら，どんな遊びをしていたかなど，これまでの子育てのことを話しましょう。例えば，『○○です。子どもの名前は○○です。これは，2歳のころ，肌身離さず持っていた人形です。頭の部分をかじっていたので，こんなに破れてしまいました』とこんな感じです。時間は1人1分です。では，どうぞ」 ●「次に，周囲の人と4人組をつくり，初めに組んだ2人組の相手のことを，2人に紹介しましょう。では，どうぞ」 ●「みなさん，笑顔でうなずきながら聞いていましたね。みなさん聞き方が上手なので驚きました」	「2人組で自己紹介」 ・自分の名前 ・お子さんの名前 ・おもちゃや人形を使っていたころのエピソード 「4人組で他己紹介」 ・隣の人の名前 ・隣の人のお子さんの名前 ・隣の人のお子さんのエピソード ・紹介の例を示す。
3　教師が演じるロールプレイを見せる ●「いまから，家庭でのある場面を劇でお見せしますので，子どもの気持ちを考えてみてください」	

導入

	【場面1】集中してゲームをしている子どもの様子を見て，母親は「宿題はどうするの？」と子どもに声をかける。子どもは「今日は時間がたくさんあるから，ゲームを1時間したあとで宿題をするつもりなんだ」と母親に答える。子どもの考えを聞いた母親は，「宿題をやってから，ゲームをしたほうがいいでしょう」と子どもに言う。	【場面1】 「ゲームをしてから宿題をする」と言う子どもに対して母親は…… ・教師が，母親役・子ども役をロールプレイで示す。
展開	**4　子どもにかける言葉を考える** ●「場面1を見て，自分が母親だったらどう声をかけますか。4人で話し合ってください」 ●「グループでの話し合いで出た意見を，代表の方が全体に紹介してください」 **5　教師が演じるロールプレイを見せる** ●「次は別の場面を演じますよ。今度も，子どもの気持ちを考えながら見てください」	「自分だったらどんな言葉をかけるか」 ①4人組で話し合う ②全体に紹介
	【場面2】母親は今晩，育成会の会議に出席する。出かける前に「お母さんは帰りが遅くなるから，夕飯を食べ終えたら，お皿を洗っておいて」と伝える。夕飯後，子どもは皿を洗い始めるが，洗ったことがないので，スポンジに洗剤をつけすぎて手がすべり，皿を落として割ってしまう。直後に帰宅した母親は割れているお皿と洗い残しの食器を見て，「何やっているの。余計に仕事が増えてしまったじゃない」と言う。	【場面2】 留守番中，食器を洗っていて皿を割ってしまった子ども。それを見た母親は……
	6　子どもにかける言葉を考える ●「場面2を見て，自分が母親だったらどう声をかけますか。4人で話し合ってください」 ●「グループでの話し合いで出た意見を，代表の方が全体に紹介してください」	「自分だったらどんな言葉をかけるか」 ①4人組で話し合う ②全体に紹介
終末	**7　保護者自身の体験を振り返る** ●「みなさん自身，失敗してもがんばったことはありますか」 ●「がんばったとき，どう言ってもらうとうれしかったでしょうか」 **8　まとめ** ●「今回の実習を通して，子どもに自信をもたせるためのポイントが見えてきました。『やろうとした気持ちを認める』『やり方を教える』『できたら認める』『失敗しても責めない』などです。こうしたメッセージが伝われば，『やってみよう』『次こそがんばろう』という意欲が生まれると思います」	「自身の体験を振り返る」 ・がんばったとき，どう言ってもらうとうれしかったか

第1章　●アプローチ１　課題に気づく

宿題やった？
成果と留意点

● 実施中のエピソード

　自己紹介場面では，子どもが幼いころ使っていたおもちゃや人形を見せ合いながら，楽しそうに笑顔で話す様子が見られました。保護者の一人一人がわが子の幼いころのことを思い出すことができ，とてもうれしそうでした。教師のロールプレイを見る場面では，大きくうなずいている様子が見られました。「わが家を見ているようです」と感じた方も多かったようです。４人組の話し合いの場面では「ほかの人の意見に同感したり，新しい発見をしたりしてとても楽しめました」という感想がありました。なごやかでうちとけた雰囲気のなかで情報交換することができ，満足感と充実感を味わうことができたようです。

● 実施後の結果

　実施後のアンケートで多かった内容は，「いろいろな人の話が聞けて，私も自信がついた」「いままでより，余裕をもってかかわりたい」「自信をつけさせるために，ほめながら過ごしたい」などでした。講義形式のセミナーと違い，「見る」「聞く」「伝える」という体験を通してさまざまなことを感じることができたようです。これまでの子育てのあり方に気づき，今後に生かそうとする意欲が伝わってきました。

● 実施上の留意点

　気づきを深めるための工夫として，場面１のロールプレイを見たあとの話し合いで，「指示しないで受け入れる」などの発言が出たら，「やろうとした気持ちを認める」を確認します。場面２で，「一緒に皿洗いすればよい」という発言が出たら，「やり方を教える」を確認し，「努力をたたえるべき」などの発言が出たら，「できたら認める」を，「文句を言うべきではない」の発言には，「失敗しても責めない」を確認します。

　子どもが自信をもって動き出すには，「できそうだ」と思うことが不可欠です。「あなたがしたことは，まるごとＯＫ」「結果は責めない」というメッセージが伝われば，「次もやってみよう」という意欲が生まれることを，まとめの場面で確認するとよいでしょう。

子どもの自信を育てるポイント

ポイント1：「やろうとした気持ちを認める」
ポイント2：「やり方を教える」
ポイント3：「できたら認める」
ポイント4：「失敗しても責めない」

振り返り用紙

名前（　　　　　　　）

■子どもの自信を育てるために，あなたが大切にしていきたいことは何ですか？

_____
_____
_____
_____
_____
_____

■セミナーで学んだこと感じたこと，セミナーについてなど自由にお書きください。

_____
_____
_____
_____
_____
_____
_____

第1章 ●アプローチ1　課題に気づく

1節　親子のコミュニケーションを見直す　　ワーク④

前思春期の子どもの心の理解
十代のスタート地点で大切なこと

「手は洗った？」
「宿題は？」

- ● **時間** 90分　● **校種と学年** 小学校高学年　● **人数・隊形** 5〜50人程度
- ● **準備** 名札（人数分），幼いころの写真や使っていたおもちゃ（各自持参），「感情当てゲーム」のカード（グループ分），振り返り用紙，筆記用具
- ● **ねらい** 前思春期の揺れているわが子とのかかわり方を考える。子どもの表情を見て，心の内面の動きを感じて，かかわり方を考える。

活動と保護者の様子	留意点と掲示物
1　ねらいと概要の説明 ●「先日のアンケートの結果では，子どもが『反抗期に直面している』『心も体も大きく変化している』『大人びた言動と幼さが同居している』ときに，親としてどうかかわっていけばよいか，などの課題が出されました。子育てに悩みや不安があるということは，それだけお子さんと向き合っているということだと思います。思春期を迎えるにあたって，わが子と家族がどのようにかかわっていけばよいか，一緒に考えていきましょう」	・スタッフが自己紹介をする。 ・子育ての苦労を受けとめる。 「アンケート結果より」 ・反抗期 ・心と体の変化 ・大人びた言動と幼さ
2　4人組で自己紹介（子どもの写真やおもちゃつき自己紹介） ●「4人組になり，おもちゃや幼いころの写真を見せ合いながら，どんな子だったか，どんな遊びをしていたかを話します。例えば，『○○です。子どもは○○です。これは4歳のころの写真です。たくさん食べてまるまると太っていてお相撲のまねごとをして遊んでいました。将来はお相撲さんかなと思っていたんです』とこんな感じです。では，どうぞ」	「4人組で自己紹介」 ・自分の名前と子どもの名前 ・写真や玩具を見せながらの思い出話 ・教師が例を示す。
3　感情当てゲーム ●「これから『感情当てゲーム』をします。カードをグループに6枚配ります。カードには「喜び」「いかり」「不安」「悲しみ」「緊張」「甘え」と書いてあります。4人でじゃんけんをして順番を決め，1人がカードを1枚選び，そこに書いてある感情を，言葉は使わず表情や身振りで表現して，3人が正解を当てます。例を示します。では，どうぞ」	「感情当てゲーム」 ・1人がカードに書いてある感情を演じ，3人が当てる。 「喜び」「いかり」「不安」「悲しみ」「緊張」「甘え」

導入

	4 教師が演じるロールプレイを見せる ●「いまから，家庭でのある場面を劇でお見せします。あなたならどうするか，考えながら見てください」 【場面1】いつも素直で明るいトモ君が帰宅する。ところが帰って来るなり，「ただいま」のあいさつも言わず，ランドセルを放り投げ，マンガ本を読み出す。スナック菓子を見つけて食べ始める。母親に何を言われても言うことを聞かない。 **5 ロールプレイを見た感想を4人組で話し合う** ●「自分がこの子の母親だったら，どうかかわったらよかったでしょうか。4人で話し合ってください」 ●「班の代表者は，話し合いで出た意見を報告してください」 ●「『子どもの表情をよく見る』という意見がありましたね。揺れている子どもの心を察知することが大切なのですね」 **6 教師が演じるロールプレイを見せる** 【場面2】ヒロシ君は，帰宅後元気がない。夕食をすませ，なんとなくテレビを見ていた。最近風呂に1人で入るようになったヒロシ君に，母親は「お風呂に入りなさい」と声をかけた。ところが，ヒロシ君は，「お母さん，今日一緒に入れる？」と言い出した。せっかく1人で入るようになったのに，洗い物もたくさん残っているし……。 **7 ロールプレイを見た感想を4人組で話し合う** ●「子どもの気持ちを考え，自分がこの子の母親だったらどう声をかけますか」 ●「班の代表者は，話し合いで出た意見を報告してください」 ●「『否定的なことは言わずに一緒に入り，そっとしておく』といった意見が出ましたね。子どもが親に近づいてきたときは，気持ちを受けとめ，かかわりをもつことが大切です」	【場面1】 帰宅したトモ君はあいさつもせずにマンガに没頭。お母さんは…… ・教師が，母親役・子ども役をロールプレイで示す。 「母親は，どうかかわればよかったか」 ・グループで話し合い ・全体に発表 【場面2】 1人でお風呂に入れるようになったヒロシ君から，『今日一緒にお風呂に入れる？』と言われた。お母さんは…… ・教師が，母親役・子ども役をロールプレイで示す。 「自分が母親なら，どう声をかけるか」 ・グループで話し合い ・全体に発表	アプローチ1 課題に気づく
終末	**8 まとめ** ●「この時期の子どもとのかかわり方のポイントの一つは，揺れているわが子の内面を察知することです。二つ目のポイントは，親に近づこうとしてきたときはかかわりをもつこと，また，自分でやろう（離れよう）としているときは，そっと見守ることが大切です」	「前思春期のわが子とのかかわり方」 ・ポイント1 ・ポイント2	

第1章 ●アプローチ1 課題に気づく

十代のスタート地点で大切なこと
成果と留意点

● 実施中のエピソード

　幼いころの写真やおもちゃを見せ合いながら自己紹介することで，なごやかで話しやすい雰囲気がつくられました。喜び・怒りなどの感情について，表情や身振りで表現する「感情当てゲーム」では，笑い声や拍手が起こり，緊張感がほぐれる様子がうかがえました。参加者同士の関係が深まり，その後の話し合い場面では意見が活発に出されました。

● 実施後の結果

　セミナー実施後のアンケートでは，「素直で何でも話してくれる子になってほしい」「素直で明るく成長してほしい」など，「素直な子どもに育てたい」という感想がたくさん出ました。そのためには，「子どもが出すサインに気づき，子どもと語り合い，心と心を通わせることが大切であることに気づいた」という意見もありました。
　セミナーを実施してから2週間後に行ったアンケートでは，「なるべくほめて，子どもから会話してくれるときは忙しがらずに耳を傾けるようにしたい」といった感想が寄せられました。2週間たっても，セミナーで考えたことを忘れず，学んだことを生かそうとしている保護者の態度がみられました。

● 実施上の留意点

　参加者の気づきを深めるポイントとして，場面1のロールプレイを見たあと，4人組で話し合い，そこで出た意見を全体の場で報告する場面で，「顔色や態度を観察する」「話したくないの？」のような，子どもの内面を理解しようとする意見が出たときに，45ページで示したポイント1の内容を書いたカードを掲示しながら確認します。また，「そっとしておく」「落ち着くまで待つ」のような意見が出たら，ポイント2を確認します。
　同様に，場面2のロールプレイを見たあとの話し合いの報告の場面では，「何か話したいことあるの？　と声をかけてみる」など，ポイント2にかかわる意見が出たら，再度確認するとよいでしょう。

● 板書計画

テーマ「前思春期のわが子とのかかわり方」

かかわる　　近づく(不安SOS)　←　揺れている　→　離れる(自立葛藤)

ポイント1：揺れているわが子の内面を察知してかかわりましょう。
ポイント2：親に近づこうとしてきたときはかかわりをもち，
　　　　　自分でやろう（離れよう）としているときは見守りましょう。

● 振り返り用紙（セミナー終了後）

① おもちゃやぬいぐるみを使っていた（写真に写っていた）ころの幼かったわが子が，これから思春期に向かってどう成長していくか，その姿を想像し，感じたことを書いてください。

② セミナーに参加した感想をお寄せください。

● 振り返り用紙（セミナー終了2週間後）

① 日常生活のなかで，今回のセミナーはどのように生かされていますか。わかる範囲でお書きください。

② 今後このようなセミナーにまた参加するとしたら，どのようなことを話し合ったり考えたりすると，日常生活で役に立ちそうですか？　お考えを聞かせてください。

第1章　●アプローチ1　課題に気づく

1節　親子のコミュニケーションを見直す　ワーク⑤

子どもの気持ちに共感する
きらわれているのかな？

（私,みんなから嫌われているのかな?）
（大丈夫 心配ないわよ!）

- **時間** 60分　●**校種と学年** 小学校　●**人数・隊形** 5〜50人程度
- **準備** 名札（人数分），ワークシート，振り返り用紙，筆記用具
- **ねらい** 子どもの言葉に耳を傾けるときの言語・非言語両面の態度を知る。親の心の状態を振り返り，コミュニケーションできるゆとりを意図的につくれるようになる。

活動と保護者の様子	留意点と掲示物
導入 **1 ねらいと概要の説明** ●「子育てに悩みや不安があるということは，それだけお子さんと向き合っているということではないでしょうか。先日のアンケートの結果では，『反抗期の子どもとどう向き合うか』『子どもがいじめにあったら，どうしたらいいか』『親の注意をしっかり聞かないが，どうしたらいいか』などの意見が出ました。これらは，子どもとの接し方というテーマにまとめることができると思います。そこで，今日は親子のコミュニケーションのとり方について，実習を通して楽しみながら一緒に考えていきましょう」 **2 緊張をほぐすゲーム（バースデーライン）** ●「コミュニケーションは，言いたいことを伝え受けとめることです。まず言葉を使わずに，身振り手振りだけを使って，誕生月日順に並んでみましょう」 ●「並べましたか。では近くの人と4人組をつくりましょう」 **3 4人組で自己紹介（子ども自慢つき自己紹介）** ●「1人1分で自己紹介と『わが子のよいところ』を伝えます。例えば，『○○です。子どもの名前は○○で，○年生です。子どものいいところは，食べ物の好ききらいがないことです。おかげで健康なのですが，最近はとくによく食べるので，太ってしまうのでは，と少し心配です』とこんな感じです。では，始めてください」	・スタッフが自己紹介をする。 ・子育ての大変さを受けとめる。 「アンケート結果より」 ・反抗期の子とのつきあいをどうしたらよいか ・いじめにあったら ・親の注意を聞かない 「バースデーライン」 ・誕生月日順に並ぶ ・言葉を使わず，身振り手振りだけで行う 「4人組で自己紹介」 ・自分の名前 ・子どもの名前 ・子どものよいところ ・紹介の例を示す。

展開	**4　教師が演じるロールプレイを見せる** ●いまから，家庭でのある場面を劇でお見せしますので，子どもの気持ちを考えてみてください。 【場面】夕食後，後片づけを始める母親。子どもたちに「早くお風呂に入りなさい」と声をかける。子どもが母親の後ろに立ち，「お母さん，私，みんなからきらわれているのかな？」とつぶやく。母親は，「大丈夫よ。この前，○○ちゃんと仲よく遊んでたじゃない。心配しないで」とこたえる。 **5　ロールプレイを見た感想を全体で話す** ●「劇を見て，感じたことを発表してください」 **6　子どもにかける言葉を考える** ●「子どもの気持ちを考え，自分がこの子の母親だったらどう声をかけるか，実際のせりふを考えてワークシートの吹き出しの部分に記入してください」 ●「2人組になり，自分が書いたせりふを相手に言ってもらいましょう」 ●「4人組になり，感想を発表し合ってください」 ●「代表者は，グループの意見を全体に紹介してください」 ●「さて，どんな言葉かけをすると，子どもは『気持ちが受けとめられた』と感じるでしょうか。そうですね，『きらわれていると思うと，不安だよね』などと，その気持ちにより添うことで，子どもは気持ちをわかってくれたと感じるようです」	【場面】 「お母さん，私，みんなからきらわれているのかな？」とわが子に言われたら…… ・教師が，母親役・子ども役をロールプレイで示す。 「自分だったらどんな言葉をかけるか」 ①せりふを用紙に書く ②2人組で読み合う ③4人組で感想を発表 ④全体に紹介 「気持ちが受けとめられた」と感じる言葉かけとは	アプローチ1　課題に気づく
終末	**7　保護者自身の体験を振り返る** ●「みなさん自身，ご家族に自分の気持ちをわかってもらえなかったことはありますか。それはどんなときですか」 ●「そのとき，どう言ってもらえればうれしかったですか」 **8　まとめ** ●「子どもが話してきたとき，『どうしてそう思ったの』もいいですが，『それは不安だね』『それはうれしかったね』と子どもの気持ちに立って考え，言葉を返すことがいいようです。気持ちに焦点を合わせると，子どもはわかってもらえたと感じるのではないでしょうか」	「自分の体験を振り返る」 ・気持ちをわかってもらえなかった体験は？ ・どう言ってもらえるとうれしかったか ・「どうしたの？」はすぐに出るが，「不安だよね」はなかなか出ない。ここでは，それでよしとする。	

■参考文献：國分康孝監修『エンカウンターで学級が変わる　ショートエクササイズ集』図書文化
　　　　　袰岩奈々『感じない子ども　こころを扱えない大人』集英社

第1章　●アプローチ1　課題に気づく

きらわれているのかな？
成果と留意点

● 実施中のエピソード

　もし自分がこの親だったらどう返事をするか考え，具体的なせりふをワークシートの吹き出しの欄に記入してもらいました。記入した言葉は，親がふだんなにげなく使っている言葉に近いものだと思われます。そして，自分が書いた言葉を2人組の相手の方から言ってもらうことで，言われた子どもがどう感じるか，その立場に立って実感してもらいました。実際に相手から言われて，細かなニュアンスにも気づいてもらえたようです。ワークシートに記入し，それを相手から言ってもらう体験は，とても効果的だったようで，「体験しながら学べて楽しかった」という感想が，多くの参加者からあがりました。

● 実施後の結果

　実施後のアンケートでは，「子育てということの前に，自分のことを振り返って考えられる時間でした」「ほかの親たちも同じように感じ，話しているのだなあと思い，いくらかほっとした感じです」などが出されました。子どもへの対応を考えてもらったわけですが，親自身の生き方を振り返る機会になりました。

　また，親同士が情報交換できたことで，悩んでいるのは，自分だけでないことを知り，子育てに対するエネルギーを蓄えてもらえたように感じました。

● 実施上の留意点

　このワークは対象年齢が広く，学級懇談会やPTAセミナーなど，さまざまな場面で利用しやすい内容です。「私，きらわれているのかな？」を，「勉強きらいだなあ」とか「友達できるかなあ」など，実態に合わせた悩みに差しかえることで，応用範囲が広がるでしょう。また，「きらわれているのかな？」をそのまま使用する場合でも，それは悩みの一つの例であることを伝えましょう。そして，「○○と思うと，つらいよね」などのように，子どもの気持ちに共感することが大事であること，気持ちをくみ取ってもらえると，子どもは親にわかってもらえたと感じることを，まとめの際に確認することが大切です。

ワークシート・振り返り用紙

子どもに「お母さん，私，みんなからきらわれているのかな」と言われました。そのときどうこたえますか？

> お母さん，私，みんなからきらわれているのかな？

ご参加いただきありがとうございました。セミナーに参加した感想をお寄せください。

_____
_____
_____
_____
_____
_____
_____

第1章 ●アプローチ1 課題に気づく

1節 親子のコミュニケーションを見直す　　ワーク⑥

思春期の子どもの心の理解
そういう言い方しないで！

> だらだらして！片付けでもしなさい

> そういう言い方しないで！

- **時間** 60分　● **校種と学年** 中学校　● **人数・隊形** 5～50人程度
- **準備** 名札（人数分），幼いころの子どもの写真（各自持参），振り返り用紙，筆記用具
- **ねらい** 思春期を迎えた子どもの心を理解する。子どもの気持ちを受けとめて，かかわることの大切さを知る。

活動と保護者の様子	留意点と掲示物
導入 **1 ねらいと概要の説明** ●「事前に行ったアンケート結果では，『思春期の子どもとの向き合い方』『子どもの発達や成長』などをテーマにして話したいとの希望が寄せられました。そこで，今回は思春期を迎えた子どもとのかかわり方について，実習を通して一緒に考えていきましょう」 **2 2人組で自己紹介（子どもの写真を見せ合いながら）** ●「始めに2人組をつくります。そして，お子さんの写真を見せながら，その当時の子育ての思い出話をしてください。例えば，『私の名前は○○です。子どもの名前は○○です。この写真は○○が○歳のときに撮った写真です。大笑いをしていますが，よく見ると歯がほとんどありません。実は歯磨きが大きらいで，なかなかやらないので苦労しました』とこんな感じです。では，どうぞ」 **3 4人組で他己紹介** ●「次に2人組と2人組を合わせて，4人組をつくってください。2人組の自己紹介で聞いたことを，2人に話します。例えば，『こちらの方のお名前は○○さんで，お子さんの名前は○○君です。この写真は，○○君が○歳のときに撮った写真です。このころの○○君は，いたずら好きで，家中，落書きだらけだったそうです』とこんな感じです。では，どうぞ」	「アンケート結果より」 ・思春期の子どもとの向き合い方 ・子どもの発達や成長 「2人組で自己紹介」 ・写真を見せる ・子育ての思い出話 ・紹介の例を示す。 「4人組で他己紹介」 ・2人組の相手から聞いた思い出話をほかの2人に伝える ・紹介の例を示す。

展開	**4 教師が演じるロールプレイを見せる** ● 「いまから，家庭でのある場面を劇でお見せしますので，子どもの気持ちを考えながら見てください」 【場面】家庭で反抗的なわが子と見て見ぬ振りをしているように感じる父親のなかで，とまどいやいらだちを感じている母親。帰宅してもただいまも言わずに，ダラダラ過ごしているので，部屋を片づけるように言うと，「そういう言い方をするからやる気がなくなる」とわが子に言われる。 **5 ロールプレイを見た感想を全体で話す** ● 「この劇を見てどう感じましたか。感想をお話しください」 **6 4人組で話し合う** ● 「自分がこの子の母親だったらどうしますか。また，あのあと，この親はどうしたらよいでしょう。4人組の班で意見を出し合ってください」 ● 「各班で話し合った結果を，各班の代表者が全体に紹介してください」 ● 「どのように接してくれたら子どもはうれしいと感じるか，4人組になって意見を出してください」 ● 「各班で話し合った結果を，各班の代表者が全体に紹介してください」	【場面】 家庭で反抗的なわが子。それを見て見ぬ振りをする父親。そしてとまどいいらだつ母親…… ・教師が，子ども役・父親役・母親役をロールプレイで示す。 「劇を見て感じたこと」 ・全体での話し合い 「自分がこの子の母親だったらどうする？」 ・4人組の話し合い ・全体に紹介 「子どもがうれしいと感じる接し方は？」 ・4人組の話し合い ・全体に紹介
終末	**7 保護者自身の体験を振り返る** ● 「みなさん自身，自分の気持ちをわかってもらえなかったことはありますか。どんなときですか」 ● 「そのとき，どう言ってもらえればうれしかったですか」 **8 まとめ** ● 「子どもに対して指示的な言い方をしていて，これでほんとうにいいのかと疑問に感じたことはありませんか。また，忙しい日々のなかで心にゆとりがもてず，子どもの立場に立てないときもあったのではないでしょうか。思春期の揺れ動く心をキャッチし，親の考えを押しつけるのではなく，子どもの気持ちを受けとめながらかかわることが大事なことではないかと考えます」	「自分の体験を振り返る」 ・気持ちをわかってもらえなかった体験は？ ・どう言ってもらえるとうれしかったか

アプローチ 1 課題に気づく

■参考文献：國分康孝監修『エンカウンターで学級が変わる 小学校編』図書文化

第1章　●アプローチ1　課題に気づく

そういう言い方しないで！
成果と留意点

● 実施中のエピソード

4人組になり，相手から聞いたことをほかの2人に話す「他己紹介」の場面では，身振り手振りが大きくなり，表情がやわらいでいく姿が見られました。始まる前と比べて，参加者の緊張感がほぐれ，セミナー全体の雰囲気がなごやかになりました。

ロールプレイを見たあとの話し合いの場面では，話し合いが進むにつれて「親にゆとりがないと，子どもの立場に立てない」など，自身のことに振り返って考えようとする保護者の姿が見られました。

● 実施後の結果

実施後のアンケートでは，「心配なので，すぐ口を出してしまう」「すぐにしからず笑顔で話しかけたい」「小さいころの写真を久々に見て，こんなにかわいかったし，一生懸命育ててきたのだから，きっとまた話をしてくれる子どもになると信じたい」などの感想が寄せられました。

これまでの子育てを振り返るきっかけとなり，セミナーで学んだことを今後に生かそうとする保護者の決意が伝わってきました。

● 実施上の留意点

今回は教師によるロールプレイでしたが，4人組のグループで話し合った結果を交えて，保護者同士で役割演技をしてみるとより効果的です。例えば，子ども役・父親役・母親役・観察者になって，劇の続きを演じるのです。子ども役を演じることによって，子どもの気持ちを体験的に理解することができます。ローテーションを組み，参加者全員が子ども役を体験できるとよいでしょう。

さらに，各グループが全体の前で演技を披露し，話し合ったことや演技したことの感想などを発表することができると，より中身の濃い話し合いになるでしょう。

ロールプレイの例

■場面（自宅）

子ども ：黙ったまま玄関から入ってくる。居間に寝そべり，お菓子を食べながらテレビを見始める。

母親　　：しばらく様子を見たあと，ダラダラしている子どもを見て，我慢できず指示する言葉をかける。
「ダラダラしてないで，部屋の片づけでもしなさい！」

子ども ：「そういう言い方をするから，やる気がなくなるんだよ」と乱暴な言葉遣いで反発する。

父親　　：見て見ぬ振りをしている。

母親　　：「お父さん，何とか言ってやって！　口ばっかり達者になって私の言うことなんてまったく聞かないんだから」

振り返り用紙

名前（　　　　　　　）

思春期に入ったお子さんの心を理解するために，どんなことを大切にしたいですか？

第1章　●アプローチ1　課題に気づく

2節 子どもが向ける親への願いに気づく

ワーク⑦⇒56p

ここがおすすめ！

　子どもの気持ちを理解することができれば，子どもに対するよりよいかかわり方が自然とみえてきます。子どもの気持ちを理解する方法の一つに，子ども役をロールプレイで演じる方法があります。このワークは，子ども役を演じることを通して，子どもの気持ちをより深く理解することをねらっています。

　ふだん親が言うことを，子どもはどう受けとめているのか……。これを頭の中だけで考えていても，理解するまでにはいたらないことが多いでしょう。このワークでは，ロールプレイで保護者自身が子ども役を演じて，子どもの立場に立つことを試みます。そして，体験を通して気づいたことを大事にして，親が子どもにどう声をかければよいか考えます。つまり，子どもの気持ちにより添ったコミュニケーション法を実践を通して学ぶのです。

> ### ワークの展開と気づきの流れ
>
> 1. 子どもの気持ちを考えて，親への注文書を書く
>   ⇒（保護者）「『お母さん，"早く早く"と言わないで』という感じかしら」
> 2. 子役が注文書を読んで，親役が理由をこたえる
>   ⇒（親役）「あなたが間に合わないんじゃないかと心配なのよ」
> 3. 子役が親に対する自分の気持ちを訴える
>   ⇒（子役）「ゆっくりなんかしてないよ，がんばっているんだよ」
> 4. 子どもの生の声を受け取り，返事を書く
>   ⇒（保護者）「あなたがすすんでやれるように見守るね」

こんなとき, このアプローチ

　保護者会に参加すると，「子どもの本音が聞ける，子どもの気持ちがわかる」としたら，保護者は「参加してみよう」と思うでしょう。また，子育てに関する知識を一方的に伝達するだけでは，魅力を感じない方もいるでしょう。ここでは，こうした保護者のニーズにこたえられるプログラムを設定しました。参加者自身がロールプレイをすることで，体験を通して子どもの気持ちや子どもへの言葉かけについて学びます。例えば，「親への注文書」というテーマで実施すれば，親から言われる言葉を子どもがどう感じているか，親にどうしてほしいと望んでいるかが学ぶことができ，「子どもの本心を聞いてみたい」といったアンケートの声にこたえられます（実践は56ページ）。

特別な準備や, 特に事前にしておきたいこと

　人前で参加者自身がいきなりロールプレイをすることは，緊張感や抵抗感が大きいと思います。しかし，子どもの気持ちを体験的に理解することができるので，子どもの心の内面をより深く理解するためには，ロールプレイは大変有効な方法です。ですから，このワークを実施するタイミングは，体験型のエクササイズを複数回経験したあとや，参加者同士の信頼関係が十分深まったあとが理想的です。保護者がそのような実態であることを確認したうえで実施することが，成功の秘訣です。

　また，ウオーミングアップの時間をしっかりとることも大事です。最初は，演技というよりも「書いたメモを座ったまま読む」程度にしておけば，抵抗感が小さくてすむでしょう。いずれにせよ，参加者の実態に応じて工夫することが大切です。

第1章　●アプローチ１　課題に気づく

2節　子どもが向ける親への願いに気づく　　ワーク⑦

子どもの生の声を聞こう！

（お母さんは心配なのよ）
（お母さん早く早くって言わないで）

- **時間** 90分　●**校種と学年** 小学校中学年　●**人数・隊形** 5〜50人程度
- **準備** 名札（人数分），子どもが書いた「親への注文書」，ワークシート，振り返り用紙，筆記用具
- **ねらい** 子どもの視点・立場に立って，子どもの気持ちを考える。子どもの気持ちにより添って，親の気持ちを伝える。

活動と保護者の様子	留意点と掲示物
導入 **1 ねらいと概要の説明** ●「先日のアンケートの結果，『子どもの本心が知りたい』という声が多く聞かれました。そこで，今日は，子どもの立場に立って子どもの気持ちを考えること，そして，子どもの気持ちにより添いながら親の気持ちを伝えることについて，実習を通して，楽しみながら考えていきましょう」 **2 緊張をほぐすゲーム** ●緊張感をほぐすゲームのあと，近くの人と４人組をつくる。 **3 ４人組で自己紹介（子ども自慢つき自己紹介）** ●「１人１分で自己紹介と「わが子のよいところ」を伝えます。例えば，『○○です。子どもは○○で，○年生です。子どものよいところは面倒見のよいところです。妹の面倒をよく見てくれるので，助かっています』とこんな感じです。では，どうぞ」 **4 親に対する注文書を書く** ●「みなさんのお子さんが親に注文を出すとしたら，どんなことを注文すると思いますか？　子どもの言葉で注文書（ワークシート２）に注文を一つ書いてください」 **5 子ども役１〜３が注文書を読み，親役がこたえる** ●「さきほどの４人で，親役，子ども役１，子ども役２，子ども役３を決めてください」 ●「親役は自分が書いた注文書を，子ども役１に渡してください。子ども役１は，子どもになったつもりで注文書に書いてある内	・スタッフが自己紹介をする。 「アンケート結果より」 ・子どもの本心を聞いてみたい 「ウオーミングアップ」 ①４人組をつくる ②自己紹介 ・名前・子どもの名前 ・子どものよいところ 「子どもがあなたに注文を出すとしたら」 ・注文書を書く 「４人組で役割分担」 ・子ども役１・２・３ ・親役

展開	容を読んでください。例えば,『お母さんいつも,早く早くって言わないで』です」 ● 「注文を言われた親役は,『早く早く』と言う理由を子ども役1に説明します。例えば『お母さんは,あなたがゆっくりやっているから,間に合わないんじゃないかといつも心配なのよ』です」 ● 「説明された子ども役1は,自分の気持ちを母親にぶつけてください。例えば,『ゆっくりなんかやってない。これでもがんばっているんだよ』などです」 ● 「次に,注文書を子ども役2に渡します。子ども役2は,子ども役1と同様に注文書の内容を読み,親役がこたえ,それを受けて子ども役2が自分の気持ちをぶつけます」 ● 「最後に,子ども役3に注文書を渡して同様に繰り返します。終わったら注文書を親役に返します」 **6 役割をかえて,実施** ● 「席がえして,役割もかえ,同様に行います。すべての人が親役を終えたら終了です」 **7 感想を書く** ● 「子どもからの注文書を書いたり読んだりしましたが,どう感じましたか,振り返り用紙に書いてください」 ● 「感想を発表してください」 **8 まとめをする** ● 「子どもは日ごろ親になにげなく言われていることに対して,いろんなことを感じているのですね。子どもにどのような言葉をかけてあげるかが大事なことだと思います」 **9 子どもの生の声を聞く** ● 「実際にお子さんがみなさんあてに注文書(ワークシート1)を書いていますので,読んでください。お子さんが考えたことは事実なので,それを受けとめてください」 **10 子どもに返事を書く** ● 「お子さんに返事(ワークシート3)を書いてください。学んだことを生かし,子どもの立場に立って書いてください。書いていただいたものは,回収して,私のほうから子どもたち一人一人に渡します」	・親役が自分の書いた注文書を子ども役に渡す ・子ども役1が注文書を読む→親役は理由を言う→子ども役1は自分の気持ちを親にぶつける ・子ども役2,3も同様に 「ロールプレイを行った感想」 ・子どもの生の声を受け取る ・子どもに返事を書く ・セミナーを欠席した保護者にも「お子さんへの返事」を書いてもらうように依頼し,全員分集まったら担任から子どもたちへ渡す。
終末	**11 まとめ** ● 「どのような言葉をかけたらいいかむずかしいですが,お子さんと目と目を合わせて向き合って,じっくりと話をしてください。親のペースに合わせようとせず,子どものペースを尊重することも大事なことなのですね」	・気持ちにゆとりをもってかかわれるように,励ましの言葉をかける。

第1章　●アプローチ１　課題に気づく

子どもの生の声を聞こう！
成果と留意点

● 実施中のエピソード

　ロールプレイは，繰り返し行うことで気恥ずかしさなどの抵抗感が小さくなり，言葉に感情がこもっていく様子がうかがえました。書いてある文を読むことだけで精いっぱいの保護者もいましたが，なかには身振りや手振りを交えて表現している方もいました。時折笑い声も聞かれ，楽しみながらなごやかな雰囲気で行われました。

　また，子どもからの「注文書」を読んでいるときの参加者の表情は，真剣そのものでした。うなずきながら納得している様子や意外な内容に驚いている様子，うれしそうにほほ笑みながら読む様子などが見られました。

● 実施後の結果

　ある保護者から「セミナーに参加して，親子関係を見直してみようという気持ちになった」という感想が出されました。「子どもからの手紙をもらう機会などほとんどなかったので，心に染みた」とも振り返っていました。

　「『早く起きなさい』『早く寝なさい』と毎日繰り返される言葉。言われるとイライラすることがわかった」という感想もありました。「子どもが幼いころと同じしかり方をしている自分に気がつき，今後は少し見守る努力をしていきたい」のような，子どもの成長に従ってかかわり方を変えたいと感じた保護者もいました。

● 実施上の留意点

　参加者同士のロールプレイを成功させる秘訣は，ウオーミングアップの段階で保護者の緊張感を十分にほぐすことです。そのためには，体を動かしたり声を出したりすることに慣れるようなエクササイズを選択することが大事です。

　また，子どもたちは，親からのメッセージを楽しみに待っているので，注文書への返事を届けることが大切です。セミナーを欠席した保護者にも書いていただくようお願いし，全員分集まってから子どもたちへ手渡すとよいでしょう。

● ワークシート1（子どもからの注文書）

● ワークシート2（親が子どもになったつもりで書いた注文書）

お　　　さん，

● ワークシート3（注文書に対する返事）

● 振り返り用紙

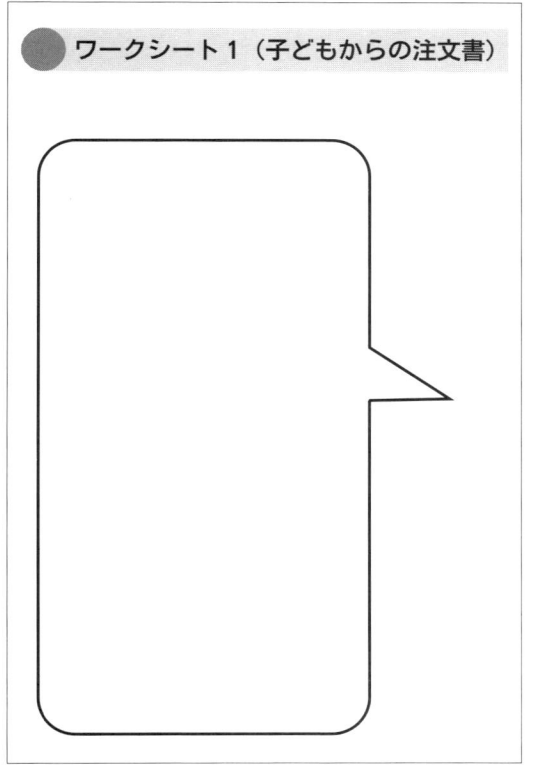

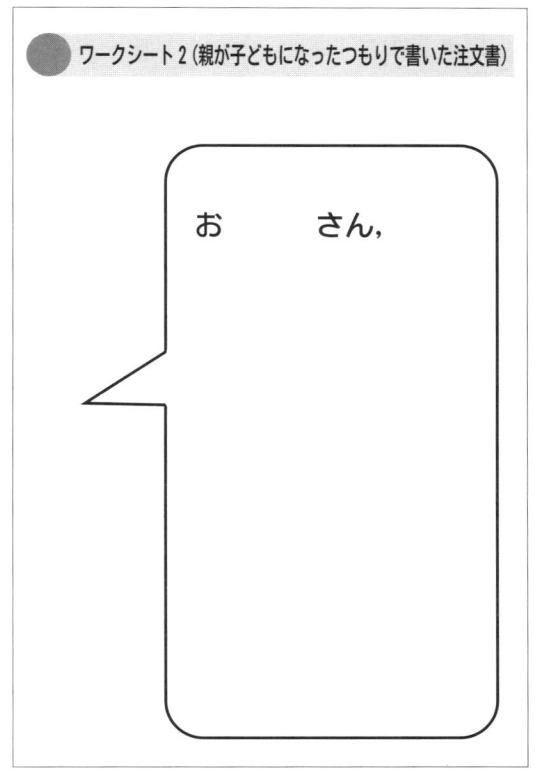

①エクササイズを行って，
　　　　　どう感じましたか？

②そのほか感想を書いてください。

第1章 ●アプローチ1 課題に気づく

コラム COLUMN　いい影響を及ぼすコミュニケーションとは

亀口　憲治

　コミュニケーションといえば，「話し合い」のことだと思い込んでいる方も多いのではないでしょうか。もちろん，それで間違いはないのですが，ここでは少し違った見方を紹介しておきます。

言葉のないコミュニケーションの重要性

　子育てでは，スキンシップによるコミュニケーションをおろそかにすることはできません。口下手な保護者でも，わが子を「ぎゅっと抱きしめる」ことはできるはずです。したがって，ふだん接触の少ない父親が，万感の思いを込めてわが子を抱き上げれば，理屈抜きに子どもは安心感をもつことができます。私は，これを「父親体重計」と呼ぶことにしています。つまり，父親が体重計となって子どもを抱き上げ，その重さを量ってあげるのです。この方法は，ふだん仕事にかまけて子どもとの接触が少ない父親ほど効果的です。なぜなら，体重測定の間隔があいているほど，前回からの「体重差」，つまりわが子の「成長の重さ」をずしりと実感できるからです。親子が体で実感した安心感の記憶は，揺れ動く子どもの心をつなぎとめる錨（いかり）の役割を果たしてくれるかもしれません。

　母親と子どものコミュニケーションは，さらに豊かな内容を備えています。「見つめ合い，ふれあうコミュニケーション」といってよいかもしれません。このような心身一体となった親子のふれあいがあれば，子育ての基礎はしっかりしたものとなり，子どもの心身の成長にとてもいい影響を与えることになります。このことは，どのような特徴をもつ子どもにもあてはまると考えて差し支えありません。

　しかし，子どもによっては，いくら母親が身近に置いておこうとしても，それを嫌がり，マイペースで自分の興味関心のある場所に行ってしまうこともあります。そのような子どもの場合には，やはり母親が発する言葉の力が威力を発揮することになります。しかも，その言葉の内容が，確実に子どもの気をひく，いわば「引力の強い」ものでなければ役に立ちません。わが子のお気に入りを熟知している母親であれば，それを口に出すことで注意をひきつけることができます。しかも，特有の口調で呼びかけるコツを身につければ，多動の傾向がある子どもでもしだいに応答がよくなることを期待できます。たとえば，オペラ調の節回しなどで呼びかければ効果的かもしれません。

言い争いのできる親子関係をめざしたい

　ここで，コミュニケーションによって「いい影響」をねらう発想の，意外な落とし穴についてひとことふれておきます。

　それは，ともするとコミュニケーションのなかに「言い争い」を含むことを忘れがちになることです。言い争いは，悪いコミュニケーションの代表のようにも受け取られているので，いた仕方ないことでもあります。ただし，うわべだけの「問題のない親子関係」は，子どもが思春期を迎えるころには破綻してしまう可能性が高いといわれています。仲よし親子の予想外のもろさといってもよいかもしれません。

　むしろ，多少の言い争いがある，つまり互いへの拒否感や否定的な感情の交流も含むコミュニケーションが大切だということになります。雑草が踏まれて強くなるように，互いを否定する感情の交流によって親子の絆は逆に強められる側面があることに目を向けてください。親子関係の小さな「危機」の体験が，次にはそれを解決する「工夫」を生み出すからです。それは，子どもが将来大人となったときに直面する，さまざまな葛藤を含む人間関係に対処する術ともなっていきます。それを身につけるための具体的なヒントが，本章で紹介される実践例にはいくつも盛り込まれています。

現実とのジレンマを乗り越えるには

　もちろん，ふだんから子どもとの言い争いが絶えない親は，少しでもそれを減らしたいと願っていることでしょう。時間的に余裕があれば，やさしい声かけもできるかもしれませんが，現実が甘くないことを親は実感しています。それを子どもにも教えておくべきだと考える親は，いつのまにか叱責口調になってしまいます。親としての責任感が子どもを追い詰めている場合も少なくありません。これはジレンマです。どこかに出口を見つけ出さねばなりません。子どもによかれと思い，よいコミュニケーションをつくり出そうとしているのに，現実との落差はあまりに大きいからです。

　そのような心境に追い込まれている親子は，実は少なくありません。現状ではふつうの親同士が，互いに子育ての舞台裏をのぞく機会は，きわめて少なくなっているからです。そこで，本章で紹介されているような保護者会に参加することによって，ほかの保護者も同じようにコミュニケーションの課題をかかえていることを身近に知ると，それだけでも，肩の荷が軽くなったと感じることが多いようです。

　まず保護者自身が「コミュニケーションの輪」を地域に広げることを目標に，保護者会を始めてみてはいかがでしょうか。

第1章　●アプローチ1　課題に気づく

実践者の声　保護者セミナー5回の成果

高崎市立新町第二小学校
髙橋　美保

　保護者にとって「子育て支援セミナー」は，情報交換と保護者同士の信頼関係を築く絶好の場所です。以前の学級懇談会では担任の話に耳を傾ける時間が多く，話し合いはあっても保護者は積極的に発言しませんでした。しかし，セミナーでのグループごとの話し合い活動は，初対面の保護者同士でもすぐにうちとけ，話し合えます。

　保護者は，共通の子育ての悩みがあるため，課題にそって自分の考えや子どものことを隠すことなく話し合い，ときには同じグループの保護者を慰めたり，励まされたり，アドバイスを受け合いながら，あたたかい雰囲気のなかでセミナーは進んでいきます。いままで子育てを一人で悩み，だれにも相談できず，孤独を感じていた保護者は，同じ考えの保護者がいることに安心感をおぼえ，笑顔で帰って行きました。

　セミナーの話し合いを進めるなかで，教師も保護者と仲よくなれます。

　本校では，学年懇談会で「子育て支援セミナー」を取り入れたため，教師はほかのクラスの保護者とも面識ができ，保護者が何かの用事で来校したときには，担任学級の保護者でなくても互いに気軽に話しかけ，どこででも子育て談義が始まるまでになりました。

　第4学年では計画的に5回のセミナーを開催しましたが，回数を重ねるごとに出席率が上がり，他学年でも開催の要望が出るほどでした。最終セミナーでは，「これで終わりなんですね」と，保護者からセミナーの終了を惜しまれる声も聞かれました。

　セミナーを始める前は，「子どものけんかで悩まされることが多く，うまく解決できない」という保護者の声が多く聞かれました。そこで第1回セミナーでは，「子どもの人間関係に親がどうかかわるか」をテーマにし，保護者は子どもの視点に立った声かけの大切さを学びました。

　「子どもの視点に立って，子どもに声をかける」という学びは，保護者の印象に強く残ったようで，日常でもそれが生かされていることがうかがえ，いまでは子ども同士のけんかで保護者が悩まされることは少なくなりました。

　保護者は，セミナーの積み重ねで学んだことを取り入れ，だんだんと子育てに自信が出てきたようです。保護者が安心して子育てをし，保護者同士の交流も手伝ってか，子どもたちも学年全員が仲よしです。第5回のセミナーで子どもから親へ書いた注文書も，子どもの生の声を保護者に届けたことで，涙あり笑いありのあたたかな雰囲気のなかで行われ，教師もそれを見て胸が熱くなったり一緒に笑ったりと，保護者の気持ちにより添い，充実した時間をもつことができました。このセミナーの成功を受けて，来年度は，学校全体で取り組む予定です。

第2章

アプローチ2　方針を立てる

第1節　子どもとのかかわり方を探る　**64**

ワーク⑧　「子どもとのかかわり方10の秘訣」　**66**

ワーク⑨　「いい方法はないかな？」うまくいかないとき　**70**

●コラム　「子育てに悩んだときにどう対処したらよいか」　**74**

○実践者の声　「初めての子育て支援セミナー」　**76**

　　　　　　「子どもとのかかわり方10の秘訣」　**76**

第2章 ●アプローチ2　方針を立てる

1節 子どもとのかかわり方を探る

ワーク⑧⇒66p，ワーク⑨⇒70p

ここがおすすめ！

　自らの子育てに不安を感じ，「これまでやってきた子育てと違ったかかわりができないだろうか」と模索している保護者は少なくありません。このワークでは，ＫＪ法を活用したブレーンストーミングにより，ほかの保護者の子育てをかいま見ることができます。行き詰まりを感じている保護者には，子育てを振り返るとともに，新たな視点が得られます。

　保護者が，子どもとのかかわりで大切にしている（したい）ことを出し合うことで，参加者の考えにふれたり視野が広がるだけでなく，保護者自身の価値観が明らかになることで自己理解を促進することができます。また，出されたそれぞれの考えを整理していくことで，子どもの発達段階に即したかかわり方の工夫がみえてきます。
　アプローチ2は，視野を広げ，子育てをより柔軟に多様に考えられる内容です。

ワークの展開と気づきの流れ

1. 子どもとのかかわりで大事にしている（大事にしたい）ことを付箋紙に書き出す
   ⇒（保護者）「改めて考えると……。私はこれを大事にしているんだわ」
2. 大事にしていることをグループで伝え合い，付箋紙を模造紙に貼り出す
   ⇒（保護者）「それは書かなかったけど，私も大事にしていることだわ」
3. 同じような内容をまとめ，そのまとまりにピッタリのネーミングを考える
   ⇒（保護者）「そうね。このまとまりは『子どもの話に耳を傾ける』でどうかな」
4. それぞれのグループで話し合われたことを全体の場で発表し合う
   ⇒（保護者）「へぇ，そういうかかわり方があるんだ。参考にしたいわ」
5. ワークを通した気づきを生かして，これからの子どもとのかかわりを考える
   ⇒（保護者）「あのかかわり方は参考になったわ。私もやってみようかしら」

こんなとき，このアプローチ

　子どもとのかかわりがうまくいかず，「ほかにいい方法はないか」と考えている保護者のニーズにこたえます。また，かかわり方を整理することで，「〇年〇組の子どもとのかかわり方・七条憲法」「〇〇小学校ＰＴＡの子どもとのかかわり方・10の秘訣」などにまとめることができ，広報紙などに掲載することで有効に活用することができます。これまで，事前アンケートから見えてきた発達段階ごとのテーマには以下のようなものがありました。本実践（66～73ページ）では，こうした保護者の声にこたえることができます。

- 幼稚園・小学校低学年　　→「子どものほめ方・しかり方」
- 小学校中学年　　　　　　→「友達関係をどう見守るか」
- 小学校高学年・中学校　　→「思春期のわが子とどう向き合うか」

特別な準備や，特に事前にしておきたいこと

　事前アンケートの結果を受けて，保護者のニーズにそったテーマ設定をすることが大切です。話し合いや意見交換が活発になり，実りあるセミナーになります。

　話し合うポイントや考えてもらいたいことなどを，あらかじめフラッシュカードを用意したり，プレゼンテーションソフトなどで作成しておきプロジェクターで投影したりすると，視覚的に確認することができ，有効です。話し合いの雰囲気づくりのために，ＢＧＭとして軽音楽（オルゴール系）などを用意するのもよいでしょう。

第2章　●アプローチ2　方針を立てる

1節　子どもとのかかわり方を探る　　　　　　　　　　　　　　　　**ワーク⑧**

子どもとの かかわり方 10の秘訣

- ● **時間**　60分〜90分　● **校種と学年**　幼稚園・小・中学校　● **人数・隊形**　4〜50人程度
- ● **準備**　名札（人数分），付箋紙（7cm×7cm程度），模造紙（グループ分），マジックペン（数色×グループ分），フラッシュカード，振り返り用紙，筆記用具
- ● **ねらい**　自らのかかわりに気づくとともに，ほかの参加者から新たな視点を得る学び合いから，今後のわが子とのかかわりの方針を立てられるようになる。

活動と保護者の様子	留意点と掲示物
導入 **1 ねらいと概要の説明** ●「事前アンケートに答えていただき，ありがとうございました。みなさんが日々のお子さんとのかかわりのなかで，『ほかにいい方法はないのかな』とお考えになっている様子が伝わってきました。そこで，今日の保護者会は，『○○小学校ＰＴＡの子どもとのかかわり方10の秘訣』をみなさんとともに考えていきたいと思います。みなさん一人一人がもっている秘訣を伝え合って，本校ＰＴＡの子どもとのかかわり方マニュアルを作ってみましょう」 **2 緊張をほぐすゲーム（みんなとハイタッチ！）** ●「これから一人一人とあいさつをかわしましょう。時間は1分です。自分と相手の手のひらを合わせて，『よろしく』とか『お願いします』とか，ひとことずつかけ合ってください。一人でも多くの方とあいさつをしましょう」 **3 グループで簡単な自己紹介（1人1分程度）** ●低学年（1・2年），中学年（3・4年）・高学年（5・6年）のグループに分かれる。各グループの1テーブルは4人（もしくは5人）になるように調整する。 ●日ごろの子どもとのやりとりなどを踏まえ，自己紹介する。	・スタッフが自己紹介をする。 「事前アンケートから」 ・ほかにいい方法はないのかな ・参加者同士で親の思いを受けとめ合うことを確認する。 ・ゲームには教師も参加し，なごやかな雰囲気づくりをする。 ・複数の子どもがいる保護者には，いま気になっている子どもの学年グループへの参加を勧めてみる。

展開	**4 大事にしている（したい）ことを付箋紙に書き出す** ● 「日常を振り返り，子どもとのかかわりで大事にしていること，あるいは大事にしたいと考えていることを書き出しましょう。付箋紙1枚につき，1つの内容とします」 **5 書き出した内容を伝え，模造紙に貼り出す** ● 「それでは，大事にしている（したい）ことをグループの方々に伝えて，付箋紙を模造紙に貼り付けてください。同じような内容を書いた人は，このとき一緒に貼り出します」 ● 「同じ内容や近い内容，関連の深い内容ををまとめて，いくつかのまとまりを作っていきましょう」 **6 まとまりを言い表す言葉をグループで考える** ● 「模造紙には，いくつかのまとまりができましたね。マジックペンでそれを囲い，内容を確かめながらまとまりにピッタリなネーミングをつけて，そこに書いてください」 ● 「グループで話し合った，まとまりを言い表す言葉をフラッシュカードに書いてください」 **7 グループごとに発表** ● 「それでは，それぞれのグループでどのような話し合いがされたか，発表してもらいましょう」 **8 「子どもとのかかわり方10の秘訣」をまとめる** ● 「各学年グループから出された内容を整理して，10の秘訣をつくってみましょう」 ● 「みなさんの意見をいただいて，『○○小学校ＰＴＡの子どもとのかかわり方10の秘訣』がまとまりましたね。これは，今後の子どもとのかかわりの指針として生かせそうですね」	①子どもとのかかわりで大事にしていることを付箋紙に書き出す ②書いた内容を読み上げて，模造紙に貼る ③内容を確認して，並べかえ，まとまりを作る ④ネーミングを決める ⑤フラッシュカードに記入 ⑤グループごとに発表 ⑥「○○小学校ＰＴＡの子どもとのかかわり方10の秘訣」 ・ブレーンストーミングで出た内容の整理は，①全学年に共通するかかわり，②各発達段階の特徴的なかかわりでまとめる。
終末	**9 保護者自身の体験を振り返り，今後について考える** ● 「振り返り用紙をお配りしました。本日の活動を通して，これまでのお子さんとのかかわりをどのように振り返ったでしょうか。また，今後はどのようにしたいとお考えになったか，まとめて書いてみましょう」 ● 「それでは，何人かの方にお話ししていただきましょう」 **10 まとめ** ● 「今日，みなさんでまとめた『○○小学校ＰＴＡの子どもとのかかわり方10の秘訣』を，ＰＴＡだよりに掲載してすべての会員のみなさんに活用してもらいましょう」	・セミナーを通して考えたこと ・今後の子どもとのかかわりをどのようにしようと考えたか

アプローチ2 方針を立てる

第2章　●アプローチ2　方針を立てる

子どもとのかかわり方10の秘訣
成果と留意点

● 実施中のエピソード

　最初は表情が硬かった参加者でしたが，緊張をほぐすゲームのあとは，肩の力が抜けたおだやかな表情でなごやかに話し合い活動ができました。付箋紙に大事にしているかかわり方を書く際には，日ごろの自らを振り返る姿が印象的でした。「子どもとのかかわり方10の秘訣」にまとめる段階では，積極的にやりとりしながら整理する姿が見られました。

● 実施後の結果

　事後アンケートの結果，それぞれの保護者が自らの子育てを振り返り，学び合いから得たことをもとに，今後のかかわりの方針を立てることができたことがわかりました。「私のように，子育てのヒントをみなさんからもらえると，安心したり解決の糸口が見えたりすると思う。早く，学校便りで取り上げてもらいたい」とのコメントが寄せられました。
　また，ある保護者からは，「このセミナーをきっかけにして，不安な気持ちを受けとめてくれる学校に対する安心感から担任とのやりとりが増えるとともに，登校をしぶっていた子どもが元気に登校できるようになった」との報告がありました。

● 実施上の留意点

　グループづくりでは，同じ発達段階の子どもをもつ保護者同士で話し合えるように配慮します。子どもの成長にかかわる共通の話題から子どもの発達課題，その時期の保護者のかかわり方について，直接やりとりできるように場を構成できるとよいでしょう。
　1グループにつき4名が適当です。5名になると聞き役を生み出してしまうようです。
　「10の秘訣」にまとめる段階で，参加者の考えを引き出し，やりとりしながら整理する作業が最大の山場です。悩んでいるグループには，教師が入ってアドバイスします。
　秘訣の数は10にしばられる必要はなく，まとめた結果いくつになってもかまいません。
　グループでまとめたかかわりのポイントに優先順位づけをすると，親同士の価値観の違いにふれることができ，新たな気づきと学び合いにつなぐことができます。

ある小学校のPTAセミナーでまとめられた「子どもとのかかわり8つの秘訣」〈例〉

○○市立○○小学校 PTA　　**子どもとのかかわり方　○○小の8つの秘訣**　　平成○年○月

全学年に共通するかかわり方	

Point 1　夫婦や家族で子どものかかわりについて話し合ったり，確認し合ったりしよう
○かかわり方が子どもの成長に大きく影響を与えることを意識する　　○子どもに求めるばかりでなく，大人も自らを振り返る

Point 2　親子のふれあいを大切にしよう

スキンシップ	日常生活でのかかわり方を工夫する	あたたかな会話を心がける
○一緒にお風呂に入る ○寝るときにはそばにいる	○食事をともにする ○子どもが興味をもったことを一緒に楽しむ	○何でも話し合える関係をつくる ○子どもの考えを認める

Point 3　基本的な生活態度が身につくように一緒に取り組もう

しつけ・きまり （親からの強要でなく，共に考え，実行する）	親子であいさつと返事	親子でありがとう・ごめんなさい	人生の先輩として 将来のことや生き方について語り合う

Point 4　思いやりの心を育てよう
○物を大切にする心　　○相手の気持ちを考える心　　◆子どもの存在を否定するような言葉は絶対に言わない
○植物・動物・食べ物を大切にする心　　○おじいちゃん・おばあちゃんへの思いやりの心

各学年で特に大事にしたいかかわり方	低学年	中学年	高学年

Point 5　子どもと向き合おう（低学年）
○子どもの話に耳を傾ける（じっくりと最後まで聞いてあげる）
○無条件に愛されていると感じる安心感を与える
○親の感情を押しつけない
○比較をせず，子ども自身の成長を認めていく

Point 6　自立に向けたかかわりをしよう（中学年）
○多くを語らず，子どもの考えを尊重する
○見守りながら，子どもに任せてみる
○自分からしようとする心を大切にする
○家族での役割を相談して決め，実行させ，認める

Point 7　友達との遊びのなかで社会性を育てよう（中学年）
○約束やルールを守れるように，その場で一緒に考える
○人とのかかわり方を学んでいく様子を見守る
○地域・子ども会活動に参加させる

Point 8　命の大切さを伝えよう（高学年）
○子どものすこやかな成長を祝う
○自分，家族，友達などの存在や命の尊さについて，折にふれて語り合う。

発達の一般的特徴	《自主性のめばえ》	《自主性の発達》	《社会性の基礎の確立》
	◇自分らしくがんばることが大切であることを知る時期 ◇やりたくないこともやらなくてはならないことを経験する時期　など	◇やらなければならないことを自らすすんで取り組んでいく時期 ◇やればできるという自信を得ていく時期　など	◇友達に対する信頼感や絆を深める時期 ◇対人感情が発達して，他者との比較や自己評価ができる時期　など

平成○年○月○日

子育て支援セミナー　〈振り返り用紙〉

名前（　　　　　　　）

☆　今回の子育て支援セミナーに参加して，今後，お子さんとかかわっていくうえで，『大事にしたいと思うこと』をお書きください！（1つでも2つでも結構です）

①
②
③

◆　今回のセミナーはいかがでしたか？
　参加いただいたご意見・ご感想をお聞かせください。今後の参考にさせていただきます。

第2章　●アプローチ2　方針を立てる

1節　子どもとのかかわり方を探る　　ワーク⑨

うまくいかないとき

いい方法はないかな？

（吹き出し：子どもを伸ばすほめ方，しかり方は…／友達関係をどのように見守るかは…／思春期にどうかかわるかは…）

- **時間**　60分～90分
- **校種と学年**　幼稚園・小・中学校
- **人数・隊形**　4～50人程度
- **準備**　名札（人数分），付箋紙（7cm×7cm程度），模造紙（グループ分），マジックペン（数色×グループ分），振り返り用紙，筆記用具
- **ねらい**　自らのかかわりに気づくとともに，ほかの参加者から新たな視点を得る学び合いから，今後のわが子とのかかわりの方針を立てられるようになる。

活動と保護者の様子	留意点と掲示物
導入 **1　ねらいと概要の説明** ●「事前アンケートに答えていただき，ありがとうございました。みなさんが日々のお子さんとのかかわりのなかで，『ほかにいい方法はないのかな』とお考えになっている様子が伝わってきました。事前アンケートを整理していくと大きく3つのテーマが見えてきました。それは『子どもを伸ばすほめ方・しかり方』『友達関係をどのように見守るか』『思春期にさしかかるわが子にどうかかわるか』の3つです。今日は，希望するテーマごとにグループに分かれて，みなさんで考えていきたいと思います」 **2　緊張をほぐすゲーム（じゃんけんボーリング）** ●「2グループに分かれてじゃんけんをします。ピン役のみなさんは4列に並んでください。ボール役のみなさんは勝ち進んで4人すべてに勝ったら1ポイントです。2分間で何ポイント取れるか競います。途中で負けたら最初に戻り何度でも挑戦できますよ。その後，攻守交代してグループのポイント数を競い合います。では，はじめてください」 ●希望するテーマごとに分かれ4～5人のグループをつくる。 **3　グループで簡単な自己紹介（1人1分程度）** ●日ごろの子どもとのやりとりなどを踏まえ，自己紹介する。	・スタッフが自己紹介をする。 **「アンケート結果より」** ・子どもを伸ばすほめ方・しかり方 ・友達関係をどのように見守るか ・思春期にさしかかるわが子にどうかかわるか **「じゃんけんボーリング」** ・2グループに分かれる ・ピン役は4列に並ぶ ・ボール役はピン役とじゃんけんして4人全員に勝ったら1ポイント ・攻守交代 ・ゲーム中のエピソードを取り上げ，なごやかな雰囲気をつくる。

展開	**4 大事にしている（したい）ことを付箋紙に書き出す**	①子どもとのかかわりで大事にしていることを付箋紙に書き出す

| | ●「いまから，それぞれのテーマに対して，大事にしていることや，実際にはできていないけれど大事にしたいと考えていることを付箋紙に書き出してもらいます。付箋紙1枚に1つの内容を書き，最後が『～が大事』で終わるようにしてください。日ごろのお子さんとのかかわりを振り返りながら書いてみましょう」 |

5 書き出した内容を伝え，模造紙に貼り出す

●「それでは，グループのなかでどなたからでも結構です。大事にしている（したい）ことをお話しください。そのときに付箋紙を模造紙に貼り付けてください。発表している方以外で，ご自分の書いた内容が発表内容と同じか近い場合には，そのときに一緒に近くに貼り出してください」

②付箋紙に書いた内容を読み上げて，模造紙に貼る

③内容を確認して，並べかえ，まとまりを作る

6 まとまりを言い表す言葉をグループで考える

●「模造紙には，いくつかのまとまりができましたね。マジックペンでそれを囲い，内容を確かめながらまとまりにピッタリなネーミングをつけて，そこに書いてください」

●「ネーミングができたら，まとまり同士のつながりについても考えて話し合ってみましょう」

●「まとまりの優先順位をグループで話し合って決めてみましょう。ほかの人は何を大切にしているかが見えてきます」

④ネーミングを決める

⑤まとまり同士のつながりを考える

・まとまり同士のつながりは線で結ぶなどして表現する。

7 グループごとに発表

●「それでは，それぞれのグループでどのような話し合いがされたか，それぞれのテーマに対してどのようなことを大事にしたらよいとお考えになったか，発表してもらいます」

⑥優先順位をつける

⑦グループごとに発表

・参加者全員で役割分担し全員で発表。

終末	**8 保護者自身の体験を振り返り，今後について考える**	・セミナーを通して考えたこと ・今後の子どもとのかかわりをどのようにしようと考えたか

●「振り返り用紙をお配りしました。本日の活動を通して，これまでのお子さんとのかかわりをどのように振り返ったでしょうか。また，今後はどのようにしたいとお考えになったか，考えをまとめて書いてみましょう」

●「それでは，何人かの方にお話ししていただきましょう。」

9 まとめ

●「今日の取組みは，自分のかかわり方を振り返るだけでなく，ほかのみなさんとの学び合いができたと思います。ここでの学びをご家庭でのかかわり方に生かしてください」

アプローチ2 方針を立てる

第2章 ●アプローチ2　方針を立てる

いい方法はないかな？
成果と留意点

● 実施中のエピソード

　「うまくいかない……」と同じ悩みをもっている保護者同士が話し合うことによって、「私だけじゃないんだ」「そんな方法があるんだ」などと、共感し合い、それぞれの方法を伝え合う様子が感じられました。①自らの思いを話す、②人の話を聞く、③グループで話し合うという3つの過程をへて悩みを共有できたことで、安心感が広がりました。保護者同士の学び合いから、わが子と自分との関係を振り返りながら、できそうなことを見つける作業となっていました。これまでもっていなかった視点やかかわり方を得て、すっきりとした表情で帰途につく保護者の姿が印象的でした。

● 実施後の結果

　これまでの保護者のかかわりを振り返りながら立てた方針として、「指示的な態度にならないように、様子を見守る」「子どもの考えを聞いてみる」「子どもの課題を自分に置きかえて、保護者自身が態度で示す」などのコメントがありました。
　セミナーから1カ月後に、その後の様子についての追調査を実施したところ、おおむね、あわてず子どもの姿を見守りながらかかわり方を工夫する様子が見られました。なかには、「毎日のあわただしい生活のなかで、待てずについつい口うるさくなってしまう」などの率直な感想が寄せられました。子育てに完璧はありません。新たな課題に対しては、次回の保護者会で再度テーマを設定して学び合いの機会を提供できればよいと思います。さらに、アプローチ3「子どもとかかわる実習」につなぐのもよいでしょう。

● 実施上の留意点

　保護者同士にうちとけた人間関係ができていれば、グループ内での自己紹介のなかで、悩みを具体化した家庭でのエピソードなどを伝え合う場をもてるとよいでしょう。だれもが悩みを抱えて一生懸命子育てしていることや、思うようにいかなくてイライラするなどの気持ちを伝え聞くことにより、共感は広がり、安心感と課題解決への意欲が高まります。

平成〇年〇月〇日

子育て支援セミナー 〈振り返り用紙〉

名前（　　　　　　　）

☆　今回の子育て支援セミナーに参加して，今後，お子さんとかかわっていくうえで，『大事にしたいと思うこと』をお書きください！（１つでも２つでも結構です）

① _____

② _____

③ _____

◆　今回のセミナーはいかがでしたか？
　　参加いただいたご意見・ご感想をお聞かせください。今後の参考にさせていただきます。

平成〇年〇月〇日

子育て支援セミナー 〈振り返り用紙〉

名前（　　　　　　　）

子育て支援セミナーにご参加いただき，ありがとうございました！

　セミナーから約１カ月がたとうとしています。この間，セミナーでお考えになった『かかわり方のポイント』の実践について，その後の様子をお聞かせください。

① _____

② _____

③ _____

『かかわり方のポイント』を実践してみてお考えになったことを自由にお書きください。

　　　月　　　日（　）まで学級担任へご提出ください。ご協力ありがとうございました！

第2章　●アプローチ2　方針を立てる

コラム COLUMN　子育てに悩んだときにどう対処したらよいか

亀口　憲治

　保護者たちの子育ての悩みは、どこで語られるのでしょうか。戦前であれば、主婦が集まる路地裏の井戸端会議がその格好の場でした。その井戸もなくなった現代では、育児雑誌の投書欄や読者コーナーが代役を務めることになりました。私もいくつかの育児雑誌から誌上カウンセリングを依頼され、読者の子育ての悩みに応えた経験があります。
　しかし、少子化の進展に伴って育児雑誌の購読者が減少し、良心的な育児雑誌が次々に廃刊に追い込まれ、1990年代の後半には、現代版の井戸端会議も縮小を余儀なくされていきました。子育ての悩みを持ち込む場所がどこにもなくなっていったのです。

孤立する母親たち

　とりわけ専業主婦にとっては、その傾向が強くなってきているようです。
「専業なのだから、時間は十分にあるし、子育てがうまくいってあたりまえ、そうでないとしたら、母親として失格だ」という周囲からの有形・無形の評価にさらされ、夫にさえ悩みをうちあけることができなくなっている専業主婦も多いようです。
　また専業主婦の母親にとっては、子育ての成功・失敗が人間としての自分の評価と一体になっているように感じられることが多いのです。したがって、子育ての失敗は母親自身の自尊心を著しく傷つける危険性が高く、子育てに悩む専業主婦への心理的な支援はいっそう充実される必要があります。
　いっぽう仕事をもつ母親の場合は、悩みがあってもそれをうちあけるための時間を確保できないために、結局胸にしまいこむしかない点では、専業主婦と大差ないともいえます。ただし、仕事をもっている母親にとって、子育ては多くの課題のうちの一部であるために、専業主婦のように自分の子育てを振り返り、内省し、悩むだけの時間的な余裕がないことが、逆にプラスに作用している面もあるようです。
　いずれにしても、地域社会の結びつきが弱まった現代においては、母親をはじめとする保護者が子育ての悩みを率直に語り合い、そして体験を共有できる「場」を人為的につくり出すことが求められています。

保護者会を「本音を語り合う場」として

　このように考えたときに、保護者会を「現代版井戸端会議」として再生させる実践的な試みは、とても意義のあることではないでしょうか。

ただし，井戸端会議にも欠点があることを指摘しておかねばなりません。それは，かつての井戸端会議はそもそも能弁な主婦の独壇場であり，口下手な父親や気弱な子どもの出る幕はなかったということです。悩める子育ての対象者である，子ども自身がどう感じ，あるいはどう考えているのか，その声に耳を傾けることなしに，子育て問題を解決できるとは，とても考えられません。

　そこで，体験学習の代名詞ともなっている「ロールプレイ」に大きな期待がかかってきます。この方法では，ある保護者が親の役になれば，別の保護者は子どもの役になり，日常で生じる親子のやりとりをその場で再現します。例えば，食事中に子どもが好き嫌いを言って駄々をこねる場面を想定し，保護者同士が親と子の役をそれぞれにとって実際に演じてみるのです。そのあとに，役割を降りた状態に戻ったところで，互いの感想を率直に語り合う時間を設定します。さらに，親と子の役割を交互に経験することで，子どもの視点に立った理解ができるようになります。

　このような手順を踏むと，最初は遠慮がちであった参加者も互いにうちとけ，生き生きとした感情を交えた体験の共有ができるようになります。参加者が「建前」上の構えた発言ではなく，いわゆる「本音」を出し合えるようになるのです。

　ここまで場が盛り上がってくると，その雰囲気はかつての井戸端会議に近づいてきます。欧米では，このようなくだけた対話のことを「キッチン・トーク」と言うそうです。台所のような舞台裏でのおしゃべりは，世界中どこでも必要不可欠なのでしょう。

パートナーとの関係改善をサポートする

　この場では，夫への不満が語られることが多くありますが，参加者が母親だけの場合には，実質的な欠席裁判になりかねません。夫を悪者に仕立てるだけでは，子育てのパートナーとしての夫（父親）やそれに代わる人物との関係を改善する方向には話が進みません。

　そこで，パートナーの本音を知るための方法を，参加者が協力して工夫することを提案します。具体的には，夫婦が子育てをめぐる話し合いをしている場面を想定したロールプレイを行います。参加者は交互に夫婦の役割を演じることによって，夫の視点に立つことを経験します。その模擬的な体験から，ふだんは思いもしなかった「子育てにかかわる夫の悩み」について想像をめぐらし，考えることができるようになります。

　このような体験の積み重ねを共有することによって，個々の家庭でも子育てをめぐる夫婦間の対話を活発化する素地が，徐々に地域に根づいていくのではないでしょうか。

第2章　●アプローチ2　方針を立てる

実践者の声

初めての子育て支援セミナー

館林市立第六小学校　村上　一美

　本校では，初めての「子育て支援セミナー」開催で，保護者からは，「どんなことをするのですか？」という問い合わせが事前に結構ありました。当日になっての参加者もいて，思ったより多くの保護者が参加しました。初めは不安な面持ちで参加していた保護者も，心の準備運動の「バースデーライン」で緊張がほぐれたようです。低・中・高の3つのグループに分かれての話し合いでは，父親の参加も多かったので，「父親としての子どもへの接し方や子育てについて日ごろ考えていること・悩んでいること」を聞けたことは，お母さん方の参考になったようで，うなずきながら聞く姿が見られました。

　セミナー後，保護者から「大変勉強になりました。悩みごとは一人で考えていないで，みんなで話し合えるといいですね」「自分の気持ちと向き合う機会をつくっていただき，自分と子どもの関係を見直すことができて大変よかったです」といった感想が寄せられました。自分の子育てに不安を感じ，自問自答しながら子どもとかかわっている保護者の様子が感じられました。「家庭の教育力の低下」が叫ばれている昨今ですが，このようなセミナーの開催が，「家庭の教育力の向上」につながっていくと思います。

子どもとのかかわり方10の秘訣

桐生市立南小学校　丹羽　悦子

　1学期に，5年生の授業参観後の懇談会で子育て支援セミナーを行ったところ，参加した保護者から「情報交換ができるし，子育てについて考えられるのでよかった」など多数の感想が寄せられたので，2学期も行うことにしました。

　参加する保護者が2回目ということで，1学期とは違う形式で，「南小　子どもとのかかわり方10の秘訣」というテーマにしました。日ごろの子育てで大事にしていることを出し合い，まとめることを通して，新たな子育ての気づきを見つけたり，ほかの保護者から参考になるかかわりを学んだりしている様子が見られました。その後，各グループで話し合った内容を発表し合いましたが，発表しながら「いま気づいたのですが，私が感情的に子どもに接していると，父親がそれを補うようなかかわりをしていたのです。もっと父親と話し合っていきたいと思います」という話も聞かれました。事後のアンケートでは，「2回セミナーに参加したが，今回も内容の濃いセミナーだった。ほかの家庭と情報交換ができることが大変ありがたい。子どもが大きくなるので，父親と協力して子育てをしていきたい」といった感想が寄せられ，実施してよかったと感じています。

第3章

アプローチ3　子どもとかかわる実習

第1節　子どもと実際にかかわり，子育てを振り返る　78

ワーク⑩　「わかっているけど，うまくかかわれない」　80

第2節　保護者同士と子ども同士の協働作業　84

ワーク⑪　「もっと，子どもとうまくかかわりたい」　86

●コラム　「協働作業に表れる親子関係」　90

○実践者の声　「親子グループ協働作業」　92

　　　　　　　「家族で行ってみたいところ」　92

第3章　●アプローチ3　子どもとかかわる実習

1節 子どもと実際にかかわり子育てを振り返る

ワーク⑩⇒80p

ここがおすすめ！

　子どもへのかかわり方を学ぶ視点が身につけば，日常的に工夫しながらかかわることができます。このワークでは，保護者と子どもが一つのテーマに向かって共同作業に取り組みます。作業を通して，子どもは保護者と共同制作した充実感を味わい，保護者は子どもへのかかわり方を見つめ，気づいた点を日常のかかわりに生かすことができます。

「どこに行きたい？」
「動物園の何がつくりたい？」
「動物園！」
「夏休みに行って楽しかったなー」

　保護者が忙しさを理由に自分のペースで子どもにかかわろうとすると，子どもの思いや願いは，なかなかつかむことはできません。悪くすると，子どもの存在を軽視するメッセージともなりかねません。共同作業を通して気づくわが子の思いや願い，想像力は，かつての幼いころの自分と重なるでしょう。そこで，子どもとのかかわりを振り返り，相互コミュニケーションを築いていくために，どうかかわっていくことがよいのか考えます。

ワークの展開と気づきの流れ
1．一つのテーマに向かって共同で作っていくものについて話し合う 　　⇒（保護者）「何を作ろうか。どう作ってみようか。こんなのどう」 2．2人で相談しながら共同作業を進める 　　⇒（保護者）「子どもの想像する世界って不思議だな。急がせてしまうな」 3．作業途中にわかち合いの機会を設定して作業中のかかわりを話し合う 　　⇒（保護者）「子どもにもっとより添って作業をしたいのだけど」 　　⇒（子ども）「もっと自分の考えでやりたいのに。親が急がせる」 4．共同作業の完成品を前に，一緒に物語を作る 　　⇒（保護者）「子どもの想像の世界を，親も共有しようとするかかわりね」

こんなとき, このアプローチ

　子どもとのかかわりについて，日ごろいろいろな点に不安に感じている保護者が，子どもと楽しくかかわりながら時間を共有する活動として最適です。子どもの想像力や興味・関心を踏まえて，テーマを柔軟に設定することができます。本実践（80ページ）では，「子どもとじっくり一緒に過ごす時間がない」「子どもが何を考えているのかわからない」「最近，子どもにどうかかわったらよいかわからなくなった」といったアンケートの声にこたえられます。

特別な準備や, 特に事前にしておきたいこと

　粘土を用いて作品を仕上げることから，配慮しないと作品の出来栄えなどに話題がそれてしまう可能性があります。そこで，作品を比較するのではなく，保護者と子どもが共同で作成する過程を重視することをワークのなかで念を押して伝えていくことが大切です。

　粘土については，べとつかない柔らかな紙粘土がワークに適しているようです。油粘土では，汚れや油の処理に話題がそれてしまう可能性があります。紙粘土を無地で使用してもよいですし，絵の具を混ぜて使っても楽しい作業となります。ゆったりとワークに取り組むための時間の確保とテーマ設定などに配慮しながら決めていくとよいでしょう。

　作成した作品は，家に持ち帰ってからもワークの続きの実践編として，家族において活用できます。ワーク時に未完成であれば，子どもの判断を見守りながら家で完成させていくのもいいでしょう。いろいろな活動に結びつけ，生かすことができます。

第3章　●アプローチ3　子どもとかかわる実習

1節　子どもと実際にかかわり，子育てを振り返る　　ワーク⑩

わかっているけど，うまくかかわれない

（いつもこんなに話せていたかしら）

（お母さんと話せて楽しいな）

- **時間** 90分　● **校種と学年** 小学校全学年　● **人数・隊形** 4～80人程度
- **準備** 名札（人数分），粘土（人数分），作業の下敷き，ＣＤプレーヤー，ＢＧＭ用ＣＤ，振り返り用紙，筆記用具
- **ねらい** 親子が共にする活動を通して，親子のかかわり方について考え，家族の絆をより深める視点を育む。

活動と保護者の様子	留意点と掲示物
1 ねらいと概要の説明（保護者に対して） ●「日ごろ忙しくて，ゆっくりお子さんとかかわれないかもしれません。そのため，『子どものサインに気づいてはいるけれど，どうかかわったらよいかわからない』といった声も聞かれます。そこで，今日は，お子さんとゆっくり向き合ってください。子どもへのかかわり方について，実習を通して，楽しみながら一緒に考えていきましょう」	・スタッフが自己紹介をする。 「アンケート結果より」 ・子どもと一緒に遊ぶ時間がない ・子どもにどうかかわったらよいかわからない
2 緊張をほぐすゲーム（グループづくり） ●「これから音楽を流しますので，保護者と子どもで手をつなぎ，音楽に合わせて歩き回ってください。この２人がくずせない一つのまとまりです。途中，クイズを出します。その答えの数だけ，近くのペアと手をつないでください」 ●「できたらすぐにその場に座って，できるだけ小さくなってください。お互い抱きしめるくらい小さくなりましょう」	「グループづくりゲーム」 ・保護者と子どもで手をつなぐ ・音楽に合わせて歩く ・クイズに答える ・グループづくり
3 グループで自己紹介（子どもの趣味と自慢話） ●「保護者は，１人１分で自己紹介に『子どもの趣味・得意技』を交えて伝えます。例えば，『私は○○です。子どもの名前は○○です。子どもの趣味は，歌をうたうことです。お風呂の中でも大きな声で歌っています。この間，町内ちびっ子カラオケ大会では，"楽しく歌えたで賞"をいただきました』。こんな感じです。では，どうぞ」	「グループ内で自己紹介」 ・子どもの趣味・得意技（保護者） ・名前，学年，趣味など（子ども） ・紹介の例を示す。

導入

展開	**4 「家族で行ってみたいところ」をテーマに粘土作り** ● 「これから，一つのテーマに向かって保護者と子どもで一緒に活動しましょう。粘土を配布します」 ● 「まず，『家族で行ってみたいところ』について，保護者と子どもで相談して決めてみましょう」 ● 「次に，何を作るか話し合いましょう。では，相談しながら作り始めてください。なお，途中で『お話タイム』が入りますよ。私が声をかけるまで，作業を行ってください」 **5 子どもグループ・保護者グループに分かれて「お話タイム」** ● 「作業途中ですが，これから『お話タイム』に入りたいと思います。子どもグループ，保護者グループに分かれて集まってください」 ● 「グループごとに，作業途中での意見交換をしましょう」 〇子どもグループ：感じていることの交流 ・「お母さんと一緒に作っていてどう？」 ・「ママと粘土遊びするなんて久しぶりでうれしいよ」 〇保護者グループ：活動の視点の交流 ・「子どもと一緒にやってみてどう？」 ・「子どものペースに合わせることの大切さを感じるわ」 **6 作業を仕上げ，作品を使って物語を作る** ● 「元の席に戻って作業を進めましょう」 ● 「さて，みなさん，作品が出来上がりましたね。今度は作品を見ながら，『家族で行ってみたいところ』に出かけるお話を作ります。どんな一日になるか話してみましょう」 **7 親子での家族旅行を振り返り，わかち合う** ● 「できた粘土作品を前にし，家族でどこに行って，どんな旅にしたいか紹介してください」 ● 「保護者と子どもで一緒に作ってみて，考えたり，気づいたりしたことを話し合いましょう」	テーマ「家族で行ってみたいところ」 ・「行ってみたいところ」について相談する ・何を作るか話し合う ・粘土作りに取り組む ・途中，子ども班と保護者班に分かれ，意見交換することを伝えておく。 「お話タイム」 子どもグループ： 　感じていることの交流 保護者グループ： 　活動の視点の交流 「物語を作ってみよう」 ・作品を使って，家族で旅行に出かけよう ・どんな一日になるかな 「家族旅行を紹介しよう」 ・どこへ出かける？ ・どんな旅にしたい？ ・感想は？
終末	**8 まとめ（保護者に対して）** ● 「保護者と子どもで共に粘土を作る作業は，実は家族をつくる作業そのものなのです。今日，子どもに対して行ったかかわり方を，家でもやっていくことが大切です。家庭での日々の生活を，問題解決へ向けた共同作業の視点で振り返り，子どもとののかかわりを考えてみましょう」	

■参考文献：亀口憲治編著『家族療法』ミネルヴァ書房

第3章　●アプローチ3　子どもとかかわる実習

わかっているけど，うまくかかわれない

成果と留意点

● 実施中のエピソード

「スキーをやりたい」と言う子どもに対して，保護者は「温泉に入ってゆっくりしたいな」と言い，「じゃあ，家族でスキーに行ってたくさん滑ってから，ゆっくり温泉に入ろうよ」と，2つの意見を合わせた案を語り合う姿が見られました。ある子どもが「恐竜のいる島に行きたい」と言って恐竜を作り始めると，保護者は思いにそって島や椰子の木を作り始めました。親子の交流の成り行きを巡回しながら見守り，作成途上の粘土を見て「これは何かな」「雰囲気が出てるよ」「行ってみたいなあ」などと，感じたことを伝えました。

● 実施後の結果

ワーク直後の保護者へのアンケートでは，「子どもと一緒に一つの目的のものをやってみたいです」「子どもの話をゆとりをもって聞いてあげたいと思います」「何か大事なことを親子で話し合いながら経験していこうと思います」といった内容が見られました。

子どもからは，「お母さんとゆっくり話せて楽しかった」（2年女子）「お母さんがぼくのを参考にしていた」（4年男子）「夢のとおりに作れた」（2年男子）「お母さんが行きたいと思っているところがわかってよかった」（4年女子）などの感想が寄せられました。

1カ月後の保護者の感想には，「一緒に食事を作る機会が増えました。作業の中から親子で助け合うコミュニケーションが図れ，満足感を得て心にゆとりも生まれてきました」「子どもが図書館で借りてきた本を私も読んでみることで，子どもの興味の方向性や変化もわかるようになりました。また，共通の話題や関連した話題へ話がふくらむようになり，子どもの成長が感じられるようになりました」などの感想が見られました。

● 実施上の留意点

作品は人と比較したり，競ったりするものではなく，それぞれ思い思いに自由に作れることが重要であることを，繰り返し参加者に伝えることが大切です。また，作品は持ち帰って，家族で話題にしたり，続きに取り組んだりすることも有効です。

（　　　　　）学校　　　　　　　　　　　　　　　　平成　年　月　日（　）

子育て支援セミナー〈振り返り用紙・保護者用〉

　　　　　　　　　　　　　　　　　　　　　　　　　名前（　　　　　　　）

◇　今回のセミナーに参加して，今後，お子さんとかかわっていくうえで，『大事にしたい』
　と思うことをお書きください。（1つでも，2つでも結構です）

① _____

② _____

③ _____

◇　今日のセミナーは，いかがでしたか？　ご意見，ご感想をお聞かせください。今後の参
　考にさせていただきます。

　　　_____
　　　_____

子育て支援セミナー〈振り返り用紙・子ども用〉

　　　　　　　　　　　　　　（　）年（　）組　名前（　　　　　　　）

♡　今日，家の人とねんど作りをして，思（おも）ったこと，気（き）づいたことを書（か）いてください。
　　　　　　　　　　　　　　　　　　　　（1つでも，2つでもいいよ）

① _____

② _____

③ _____

第3章　●アプローチ3　子どもとかかわる実習

2節 保護者同士と子ども同士の協働作業

ワーク⑪⇒86p

ここがおすすめ！

　保護者同士が親しくなると，子育ての悩みごとについて，相談することができるようになります。すると保護者の不安は半減し，子どもに対して，明るく積極的にかかわることができるようになります。このワークは，保護者相互の交流が短時間のうちに生まれるとともに，子どもの思いを視野に入れながら，柔軟にかかわる姿勢を養うことができます。

　言うまでもなく，子育てはプライベートなことです。しかし，子育てをしていくうえでの出来事や悩みごとで共通する点は，とても多いといえます。そこで，ワークにより共通の課題解決となる取組みを通して，保護者同士が親睦を深めます。そして，「子どもがぞんぶんに活動できる環境づくりの視点」と「子どもの思いをつかみ取り，共有する視点」を養います。

> **ワークの展開と気づきの流れ**
>
> 1. テーマに向かって保護者同士で話し合い，共同で作る（事前の親だけの活動）
>   ⇒（保護者）「子どもたちは何を作るだろう。何色の粘土が必要かな」
> 2. 保護者同士，子ども同士で相談しながら共同作業を進める
>   ⇒（保護者）「何弁当にしようか。どんな弁当箱がいいかな」
>   ⇒（子ども）「どんなおかずにしようかな。卵焼き，ウィンナー，それから……」
> 3. 完成品を前に，互いにお弁当を紹介する
>   ⇒（保護者）「お弁当の名前は，○○です」
>   ⇒（子ども）「おかずは，○○と○○……です。工夫したことは，……です」
> 4. 作ってみての感想を話し合う
>   ⇒（保護者）「子どもたちが話し合って作業する様子からいろいろ気づきました」
>   ⇒（子ども）「お父さん，お母さんに負けないよう協力できました」

こんなとき，このアプローチ

　保護者同士で親睦を深めたいときや，子育てについてグループ相談したいときなどに最適です。課題の追求を，保護者同士，子ども同士で取り組むため，課題意識から作成過程，仕上げといった流れで関係が深まっていく様子がわかります。本実践（86ページ）では，「保護者同士で，もっと相談できる関係になりたい」「子どもが何を考えているのかわからない」「子どもとどうかかわったらいいか，自信がない」といったアンケートの声にこたえられます。

特別な準備や，特に事前にしておきたいこと

　今回のワークが協働作業であることを子どもたちに伝えるため，ワークが始まる前に，保護者同士で粘土に着色作業をすると効果的です。これが，保護者同士の協力の始まりのメッセージとなって子どもたちに伝わります。事前準備として，ワークが始まってすぐに子どもたちがお弁当作りに入れるように，保護者同士で相談して，色のついた粘土を準備するとよいでしょう。子どもたちがお弁当作りに使いそうな色を考え，絵の具を混ぜた粘土を作ります。その際，保護者自身がお弁当箱を作るときに使う分とご飯用に，色をつけない白色のままの粘土を1つだけ残しておいてください。

　ワークの設定に関しては，ゆったりと取り組める時間の確保と，子どもや保護者の興味・関心のもてるようなテーマを設定するのがポイントです。ねらいを踏まえ，テーマをあえて事前に知らせたり，知らせなかったりといった工夫をしてもよいでしょう。

第3章　●アプローチ3　子どもとかかわる実習

2節 保護者同士と子ども同士の協働作業　　　**ワーク⑪**

もっと，子どもとうまくかかわりたい

> 子どもの願いをよく聞くといいのね

> お母さんのお弁当箱はピッタリ！

● **時間** 90分　　● **校種と学年** 小学校全学年　　● **人数・隊形** 4〜80人程度
● **準備** 名札（人数分），粘土（人数分），絵の具，作業の下敷き，CDプレーヤー，BGM用CD，振り返り用紙，筆記用具
● **ねらい** 保護者同士，子ども同士が共にする活動を通して，環境づくりによって家族の絆をより深める視点を育む。

活動と保護者の様子	留意点と掲示物
1 ねらいと概要の説明 ●「子どもの話にじっくり耳を傾け，かかわりを大切にしたいと思いながら，現実は忙しい毎日で親のペースになってしまう，という方は多いと思います。アンケート結果からも，その様子をうかがうことができます。そこで今日は，お子さんと保護者とをつなぐ『ものづくり』を通して，互いにじっくり向き合ってください。子どもへのかかわりについて，楽しみながら一緒に考えていきましょう」	・スタッフが自己紹介をする。 「アンケート結果より」 ・子どもとのふれあいを大切にしたい ・子どもにもっとかかわりたい
2 緊張をほぐすゲーム（グループづくり） ●「これから音楽を流しますので，保護者と子どもで手をつなぎ，音楽に合わせて歩き回ってください。2人が1つのまとまりです。途中，クイズを出します。その答えの数だけ近くのペアと手をつないでください」 ●「そして，子どもの円を内側に，保護者の円を外側にして，二重の円をつくります。子どもたちは，小さく丸くなって座ってください。その周りを保護者が囲むように座ってください」	「グループづくりゲーム」 ・保護者と子どもで手をつなぐ ・音楽に合わせ歩く ・クイズに答える ・グループづくり
3 グループ内で自己紹介（子どもの好物・得意なこと） ●「保護者から，子どもの好物と得意なことを話しながら自己紹介します。例えば，『私は○○です。子どもは○○です。好物はリンゴです。得意なことは似顔絵をかくことで，私もよく怒った顔を描かれます』とこんな感じです。では，どうぞ」	「グループ内で自己紹介」 ・子どもの好物，自慢話（保護者） ・名前，学年，趣味など（子ども） ・紹介例を示す。

導入

展開	**4** 「子どもが楽しむお弁当づくり」をテーマに粘土作り ● 「これから，グループで，ハイキングに出かけるためのお弁当作りをしたいと思います。材料は，この粘土です」 ● 「保護者はご飯と弁当箱，時間があればデザートを作りましょう。子どもたちはおかずを作ります。まず，子どもたちは，次の2つのことを話し合ってください。1つには，どんなお弁当にしたいかです。例えば，暑い日が続くので『冷や冷や弁当』とか，海をイメージした『海弁当』，公園をイメージした『ブランコ弁当』などです。そして，おかずは何にするのか話し合います。次に，お弁当箱は，どんなものがいいか話し合います。時間は10分です。保護者のみなさんは，子どもの近くに寄って，子どもたちの話をよく聞いていてください。口出しはしないでください。子どもへの質問は，3つまでできることにします。さあ，子どもたちは丸くなって話し合いを始めましょう」 ● 「これからお弁当作りに入ります。このあと，親子で作業する机やいすを運びましょう。子どもたちと保護者は少し離れて座ってください」 ● 「保護者は，お弁当箱の枠を粘土で厚紙の上に自由に作ってください。そして，出来上がったら弁当箱を子どもたちの真ん中に置いてください」 ● 「子どもたちはおかずを作り，弁当箱の中に詰めましょう。時間は30分です。できたら，みんなで話し合ってお弁当に名前をつけましょう」 **5** 作ったお弁当を紹介し合う ● 「半分のグループが移動して，ほかのグループのお弁当を紹介してもらいます。いっぽうは，①お弁当の名前，②お弁当箱やおかずの紹介，③工夫したことなどを紹介します（子どもと保護者で）。うち合わせに5分とります。その後，移動してください」	テーマ「子どもが楽しむお弁当作り」 ・親：ご飯，弁当箱，デザート作り ・子ども：おかず作り 「子どもの話し合い」 ・どんなお弁当にする？ ・おかずは何にする？ ・お弁当箱は，どんなものがいい？ ・この時点で，粘土を配布する。 「お弁当作りを始めよう」 ①保護者は弁当箱 ②子どもはおかず ③お弁当に名前をつける 「お弁当を紹介し合おう」 ①お弁当の名前 ②お弁当箱やおかず ③工夫したこと
終末	**6** まとめ（保護者に対して） ● 「子どもの思いを受け，保護者同士が相談し協力して作った弁当箱で，子どもたちが楽しく活動することができました。このことは，子どもが楽しめるための環境づくりに，保護者が取り組んだからだと思います。子どもの思いを柔軟にくみとりながら環境をつくることの大切さを忘れずに，日々子どもとかかわっていくことが大切だと思います」	

第3章　●アプローチ3　子どもとかかわる実習

もっと，子どもとうまくかかわりたい
成果と留意点

● 実施中のエピソード

　保護者が，ワークの事前に色粘土を作る作業では，子どもたちが「どんなおかずを作ろうとするか」の予想を中心に，それぞれの日ごろの弁当作りの話題にふれ，会話が進みました。子どもの好物や苦手なものにも話題がおよび，なごやかな交流がもてました。

　ワークのなかで，わが子が友達とどのようにかかわっていくかについて，事前の作業時の自分の取組みを振り返り，重ねながら見つめることができたようでした。「子どもが積極的に参加し，友達と話をふくらませていく姿がよかった」「友達の意見を聞きつつ，盛り上げていく過程に成長がみられ，驚きとともにうれしさがこみ上げた」などの感想のほか，「初めは親子で粘土制作なんて，と思っていたけれど，作業が始まると童心に返ってお互い夢中になり，時間のたつのを忘れてしまうほど楽しかった」といった感想もありました。

● 実施後の結果

　ワーク実施後のアンケートでは，「保護者が作った弁当箱の中に，子どもたちが作った素敵なおかずが並べられ，一つの作品になったのを見たり，ほかの人の話を聞いたりしながら，『私もしっかりした箱（器）にならなくては』と改めて思った」「日ごろあまり話すことのないお母さん方と一歩踏み込んで共同作業ができたことで，親近感をおぼえながら相手に共感していくという経験を得ることができた」といった感想が寄せられました。

　親同士，子ども同士の共同作業でのお弁当作りは，保護者同士や子ども同士，また，親子でのかかわり方を学び，仲間づくりに結びつく視点が育まれているようでした。

● 実施上の留意点

　このワークの目的は，作品を比較して優劣をつけたり，出来栄えを競ったりするものではなく，グループ内で交流しながら協力して作ることがねらいであることを，参加者全員に伝えることが大切です。また，作品は教室や廊下などに展示することで，参加者や参加できなかった方々に間近で見てもらい，話題とすることができてよいと考えます。

（　　　　　　）学校　　　　　　　　　　　　　　平成　年　月　日（　）

子育て支援セミナー〈振り返り用紙・保護者用〉

名前（　　　　　　　）

◇　今回のセミナーに参加して、今後、お子さんとかかわっていくうえで、『大事にしたい』と思うことをお書きください。（1つでも、2つでも結構です）

① _____

② _____

③ _____

◇　今日のセミナーは、いかがでしたか？　ご意見、ご感想をお聞かせください。今後の参考にさせていただきます。

_____

_____

子育て支援セミナー〈振り返り用紙・子ども用〉

（　）年（　）組　名前（　　　　　　　）

♡　今日、みんなとお弁当作りをして、思ったこと、気づいたことを書いてください。
（1つでも、2つでもいいよ）

① _____

② _____

③ _____

第3章　●アプローチ3　子どもとかかわる実習

コラム COLUMN

協働作業に表れる親子関係

亀口　憲治

　親子関係がうまくいっていると感じられているときにこそ，親は心から子育ての喜びを味わうことができます。子どもの笑顔を見るだけで，疲れや悩みが吹き飛ぶこともあります。小学校の中学年くらいになっても，ときに「抱っこしてー」などと叫びながら駆け寄ってくるわが子を抱きしめたときのぬくもりは，親にとってもまるで精神安定剤のような効果を与えることがあります。

　ところが，逆に親子関係がうまくいかないと感じられるようになると，そのつらさは親によっては耐えがたいものとなることさえあります。カウンセリングをしていると，そのような悩みをかかえた保護者の方たちと絶えずお会いすることになります。

家族への効果的なカウンセリング

　教育相談に来られる保護者は，母親であることが多いのですが，最近では家族療法や家族カウンセリングの考え方が知られるようになって，徐々に両親や親子同席でのカウンセリングも行われるようになってきています。私は，20年以上前からこの方式で不登校，家庭内暴力，摂食障害，非行などの問題をかかえた家族への心理的支援を続けてきました。その経験から，子どもの心理的問題の解決に，きょうだい（ときには祖父母も）を含む家族全員との同席面接が有効であることを確信するようになりました。

　ただし，まだこの方式になじみがないカウンセラーや教育相談員も多く，3～4人の家族を相手に，会話だけでの面接を続けることはむずかしいこともわかってきました。参加している子どもにとっても，カウンセラーと保護者が主体の会話に長時間つき合うことは楽でないことも明白でした。

　そこで，妙案を思いついたのです。それは何かと言うと，天使の羽根のような軽さをうたい文句にしている「超軽量の紙粘土」を家族面接に持ち込むことだったのです。この『天使の粘土』と名づけられた粘土は，まさに期待以上の効果をもたらしました。多くの不登校児が明るさを取り戻し，親子関係が改善していったのです。やがて，それはペットや友人とのかかわりにも広がり，最終的には学校復帰につながっていきました。

家族が協働することの意味

　では，超軽量の粘土を使うことが，なぜ親子関係の改善につながったのでしょうか。その最大のポイントは，面接に参加した家族メンバーが同じテーブルにつき，同じ粘土

という材料を使って造形作業をしたことにあったようです。つまり，その秘訣はカウンセラーが脇役となって見守るなかで，親子が「協働すること」を再体験し，自由にその感想を述べ合うことにあったのです。その話し合いのなかから，このような心理的問題をかかえた親子の間で，それまで家庭で協働することが少なくなっていたこともわかってきました。

さらに興味深いことには，テーブル上に並べられた親子の粘土作品をみんなで見ながら，カウンセラーが「何かお話ができそうだけど，これを見ていて何か物語を作ってみてください」と，それとなくもちかけると，多くの場合は，子どものだれかが何かしらの物語を即興で作れることがわかってきました。ときに，親が対案を出して部分的に修正されることもあります。この親子による物語作りは，同席している私にとっても楽しみの一つとなっています。つまり，私の役は，「ノリのよい観衆」なのです。

不登校で自室に閉じこもり，親とも口をきかなくなっていた子どもが，親子同席で粘土作品を作り，物語作りにも参加していく様子を実際に体験することで，親にも希望の光が見えてくるようです。

予防的な取組みとして協働作業を行う

私が，参加体験型の保護者会のプログラムに，ぜひこの粘土法を取り入れるべきだと主張するようになったのは，このような臨床体験がもとになっているからです。つまり，まだ親子関係に問題を感じていない保護者が，保護者会でこのようなプログラムに参加することによって，親子関係を見直すきっかけになるのではないかと考えたのです。また，このような方法であれば，参加者が模擬的に親子の協働作業を体験し，その体験を家庭に持ち帰ることもできるだろうと期待しました。

最初にこのような試みを地域で実行したのは，10年以上も前のことです。きっかけは，当時，勤務していた福岡教育大学近くの小学校のＰＴＡ広報担当のお母さん方が，学校新聞の取材で来訪されたことでした。当初2～3回の予定だった取材が，いつのまにか月例のレクチャーにつながり，やがては参加体験型の保護者会へと発展しました。さらに，この体験を水巻町の教育長に紹介したところ，即座に賛同を得て，指導していた院生を動員してボランティアチームを編成し，水巻町内の3つの小学校のＰＴＡ役員を対象に教育委員会主催の参加体験型保護者会を行うことになりました。

本書で紹介する群馬県の取組みは，この「家族機能活性化プログラム」をさらに全県的な規模に拡大したものであり，ほかの自治体にとっても有力なモデルとなるでしょう。

第3章　●アプローチ3　子どもとかかわる実習

実践者の声

親子グループ協働作業

太田市立駒形小学校　長澤　由美

　1年生と4年生の学習参観として子育て支援セミナーを実施しました。親子グループ協働制作なので，保護者同士で相談し，協力して制作します。セミナー実施前には，「いまさら何で粘土なの？」「粘土作りは苦手でいやだわ」という声も聞かれました。懇談会にはほとんど参加したことのない保護者もいるため心配もありましたが，グループの子どもたち全員の願いをかなえるためには協力が必要であり，粘土作りという童心に返って活動できるものだったため，どのグループも和気あいあいと制作することができました。子どもたちも，親同士が楽しそうに活動する姿を見てうれしそうでした。

　実施後には「いままでお話しする機会のなかった方ともスムースに親しく過ごすことができ，よかったです」「最近忙しくて子どもと一緒に何かをするということが少なく，どうしたらよいのか考えさせられました」「『場所の提供』を子どもにする親の立場，考えさせられました」などの感想が寄せられ，また実施してほしいという反響がありました。

　親子協働作業ということで保護者の参加率も高く，保護者も子どもも楽しく活動できました。保護者が抵抗なく参加できる懇談会として，今後も継続していきたいです。

家族で行ってみたいところ

渋川市立古巻小学校　小嶋　容子

　自由参観のなかで，「家族で行ってみたいところ」を粘土で作る親子参加型のセミナーを行いました。保護者全員が参加するなど，関心の高さを感じました。制作前に「行ってみたいところ」を話し合う場面では，子どもの発想に驚いたり，上手に子どもの意見を受け入れたり，反対したり，とたっぷり時間をかけてわが子と向き合う保護者の姿が見られました。粘土制作では，保護者がリードするペア，子どもが主となり親が手伝うペア，子どもがわがままを言って困っているペア，2人で意見を出し合いながらほのぼのと作っているペア……などそれぞれの家庭のふだんの様子が見えてくるようでした。

　事後の感想は，「小さな机のそばに2人で体を近づけて座ったことで子どもの体温を感じながら，気持ちも近づけることができました」「抱っこをして作りました。子どもの体の重みと心のさびしさを感じました」「子どものことだけを考えられるよい時間でした」などがあり，わが子とのかかわりを考えることができたようです。この実践から，保護者は心を揺らしながら子育てをしていることがわかりました。子どもとともに保護者の気持ちも理解することができたように思います。今後もぜひ実施していきたいです。

第4章

アプローチ4　家族の役割

第1節　子どもを育てる家族の役割を考える　94

ワーク⑫　「子育ては私だけがするの？」　96

ワーク⑬　「子どもから親からみる家族って？」　100

●コラム　「家族関係における子ども——自家像の実践に向けて」　104

○実践者の声　「子どもから親からみる家族って？」　106

第*4*章　●アプローチ4　家族の役割

1節 子どもを育てる家族の役割を考える

ワーク⑫⇒96p，ワーク⑬⇒100p

ここがおすすめ！

　家族について見つめるとき，視点が多面的になれば，気づきも多面的になります。このワークでは，図をかく作業を通して，保護者が自分の家族について視点を広げて見つめ直すとともに，子どもへのかかわりについて学ぶことができます。他人に見せることなく取り組むものなので，プライバシーは守られ，安心して取り組むことができます。

（自家像をかきましょう）
（かいてみるとわかるものね）
（やだそうだったの）

　家族の様子について，固定的にとらえるとかえって問題の解決から遠ざかってしまうことがあります。家族は変容していくものです。家族に視点を当てて，自家像をかくことを通して，家族の一人一人の，それぞれの力関係や結びつきなどについて見つめ直し，家族の関係について考えます。そして，家族の問題をどうとらえ，どうかかわっていくかを考えます。

> **ワークの展開と気づきの流れ**
>
> 1. 保護者は，用紙の枠の中に自家像（家族の見取り図）をかき，振り返る
>   ⇒（保護者）「それぞれの○の大きさと向き，つなぐ線の太さって気になるなあ」
> 2. 家族の中で，今日のワークで取り上げた子のことについて考える
>   ⇒（保護者）「最近，楽しく会話ができないな。素直でなくなったなあ」
> 3. 保護者が，その子に対して，どのようにしたらよいか考える
>   ⇒（保護者）「ゆっくり話ができるといい。じっくり話を聞きたい」
> 4. 保護者が，その子以外の家族にできる働きかけは，どのようなことがあるか考える
>   ⇒（保護者）「夫（妻）との会話を増やそう。週末，家族で一緒に過ごそう」

こんなとき，このアプローチ

　家族の関係を見つめ直すのに，最適です。

　家族の一人一人がさまざまな個性をもっていますから，いろいろな問題が浮上します。しかし，「問題のとらえ方」は人それぞれです。例えば，母親にとっては重要に思える問題でも，父親はさほど気にしていない，といったこともあります。こうしたずれは，「家族一人一人の関係のあり方」の違いから生まれるものと考えます。家族の関係性は変容していくものであり，一人一人がつくっていくものでもあります。

　本実践（96～102ページ）は，家族の問題の解決へ向け，家族をじっくりと見つめ直す機会として活用でき，それによって得た気づきを家族づくりに役立たせることができます。具体的には，「子育ては，私だけがするの？」「家族で一緒に過ごす時間がなかなかない」「親として，どうあるべきなのか」といったアンケートの声にこたえられます。

特別な準備や，特に事前にしておきたいこと

　このワークは，プライベートである自分や自分の家族について見つめる作業となるので，緊張の高まる場面が出てきます。移動したり，周囲の人と話したりする場面も少なくなります。そこで，ワークに入る前の導入時に，できるだけ体を動かす時間をもち，参加者の緊張をほぐすことが大切です。

　自家像は，家族の見取り図です。家族構成やいまの状態や課題が象徴的に図に現れるので，ワーク中や事後のプライバシーについて，慎重に心配りをする必要があります（103ページ参照）。

第4章　●アプローチ4　家族の役割

1節　子どもを育てる家族の役割を考える　　ワーク⑫

子育ては私だけがするの？

（息子はつながりが弱いのかも）
（夫との会話も必要ね）

- ●**時間** 90分　●**校種と学年** 小・中学校　●**人数・隊形** 1〜80人程度
- ●**準備** 名札（人数分），自家像用紙，振り返り用紙，濃い鉛筆（2〜4B程度），赤鉛筆，画板，CDプレーヤー，静かなBGM用CD，お茶（くつろぎながら作業するため）
- ●**ねらい** 家族に視点を当てて自家像をかくことを通して，家族関係を見つめ直すとともに，子どもの問題を家族で考えていく視点を養う。

活動と保護者の様子	留意点と掲示物
導入 **1 ねらいと概要の説明** ●「先日のアンケートで，『家族で一緒に過ごす時間があまりとれない』『親としてどう子どもに向き合えばいいのか』といった悩みをもつ方が多いことがわかりました。そこで今日は，家族について見つめる活動を行いたいと思います。そして，その家族の中でお子さんはどのように生きてきたかを一緒に考えていきましょう」 **2 緊張をほぐすゲーム（じゃんけんボーリング）** ●「では，最初に『じゃんけんボーリング』をしましょう」 （※活動の内容に関しては，70ページを参照） **3 各自，自家像をかく** ●「画板と2種類の用紙を配ります。ワークシート1の枠の中に，みなさんの家族をかき表していきます。家族に関するプライベートな活動ですので，隣の人と少し離れて座り，ほかの人と自分を比べたりしないようにしましょう」 ●「まず，家族構成を『1．私の家族』の欄に書き込みましょう」 ●「家族一人一人を○でかき表しましょう。そのなかでの力の大きさ（主導権，決定権，家族への影響力，元気のよさなど）は，○の大きさでかいてみてください。それぞれが，だれかがわかるように，○の下に，母（自分），長男，祖母などと書き入れてください」	・スタッフの自己紹介。 ・個人の緊張が高まるワークとなるので，体を動かし，声を出せる雰囲気を大切にしたい。 ・リラックスできるようBGMを流す。 「自家像をかこう」 ・隣の人と少し離れる ・人と比べない ・秘密もOK 「家族構成をあげよう」 ①人を○でかく ②位置や大きさ ③向き ④線で結ぶ

展開	●「次は，家族の関係について，○（人・顔）に●（目）をつけ，それぞれの人が向いている方向をかいてみましょう」 ●「次は，人と人を線をつないで，家族の関係をかき表してみましょう」	「自家像の例」 長男 父　母
	4　気づいたこと，感じたことを振り返る ●「家族の自家像をかきました。この自家像をかきながら，感じたり，気づいたり，考えたことをワークシート2に書いてください」 ●「それでは，何人かの人に考えたことや気づいたことを話してもらいましょう。どうぞ」	「自家像をかいて気づいたこと」 ・感じたこと，考えたことなど
	5　子どもと家族の関係を検討する ●「次は，家族と子どもの関係について考えます。2人以上お子さんがいる方は，『この子のことを考えてみよう』という子を決めて，その子の○の下に二重線（＝）をかき入れます」 ●「そのお子さんとほかの人との関係について，目を向けてみましょう。改めて見直して，気づいたことや考えたことをワークシート2に書いてください」 ●「そのお子さんが，自家像の中で，どの位置に来たほうがより望ましいと考えますか？　一人一人の結びつきや向き，大きさなどを考え，赤鉛筆で○をかいてみましょう」	「子どもについて」 ・結びつき ・それぞれの距離・方向・パワー
	6　どうしたらよいかを考える ●「そのお子さんが新たに赤鉛筆でかいた○のようになるために，お母さんお父さんは，その子に対してどのようにしたらよいと考えますか。気づいたことや考えたことをワークシート2に書いてください」 ●「今度は，その子が赤鉛筆でかいたようになるために，お父さんお母さんは，その子以外の家族にできる働きかけにはどんなことがあるか考えてみましょう。気づいたことや考えたことをワークシート2に書いてください」	「親が，子どもにどうかかわったらよいか」 ・気持ちのもち方，接し方，声のかけ方 「みんなに，子どもにどうかかわらせたらよいか」 ・気持ちのもち方，接し方，声のかけ方
終末	**7　まとめ** ●「今日は，みなさんに家族の図をかいていただきました。この自家像をかくことで家族を正面から見すえ，課題を見つけ，見通しを立てて家族づくりをイメージしました。家族の関係を見つめ直す機会を通して，子どもの問題を家族の問題としてとらえ，考える視点を大切にしたいものです」	

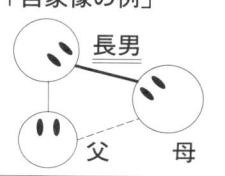

■参考文献：亀口憲治監修，システム心理研究所編著『FIT（家族イメージ法）』システムパブリカ刊

アプローチ4　家族の役割

第4章 ●アプローチ4　家族の役割

子育ては私だけがするの？
成果と留意点

● 実施中のエピソード

　ある保護者から「○の大きさや線の太さは違っててもいいんですか」と質問され,「違いを表現したいんですね。大きさや線の太さなど自由に表現してください」と答えました。家族という,大変具体的な事象を抽象的な図に置きかえて表現しようというのですから,とまどうのも無理もありません。しかしワーク中には,「子どもの目はほとんど私（母親）に向いている」「夫だけ外を向いている」といった声も聞かれ,日々の生活に裏づけられた具体的な事象から家族一人一人の位置づけや役割について細やかに気づいていました。このことは,振り返りを通して,帰宅後の家での生活に結びつくことができると思いました。

● 実施後の結果

　「家族を見つめ直すよい機会となった。なにげない会話の中から家族の絆がさらに強まるのではないかと思う。一人一人の存在の大きさに改めて気づいた」「子どものことだけを見て生活していたが,家族全員の役割を考えて生活することが大切だと思った。夕食のときなど,テレビを見ないで家族みんなで話し合うようにしたい」——このように,実施後のアンケートから,ワークが家族について見つめ直すきっかけとなったことや,働きかけによって新たな関係づくりをしたいという意欲が高まっている様子をつかむことができました。

● 実施上の留意点

　自分の家族の様子を象徴的に図示する作業はプライベートなものなので,以下の点について特に配慮し,ワークを進めていく必要があります。
- 全員に用箋ばさみを配布して,ワークシートが一番上にならないようにする。
- 参加者の自家像が互いに視界に入らないよう,保護者の座席の間隔を少し広くする。
- 自家像の作品は,基本は各々に持ち帰ってもらう。回収する場合は,用途を告げて保護者から許可を得る。回収した自家像については,プライバシー保護の配慮が十分必要。
- 他人の自家像との比較ではなく,自身の家族について見つめる作業であり,よりよい生活への気づきにつながるよう展開していく必要がある。

● **ワークシート1・自家像作成用紙**

（　　　　　）学校・子育て支援セミナー　　　　　平成　年　月　日（　）

家族の中で子どもについて考えよう――自家像づくり

名前（　　　　　　　）

1．私の家族

2．自家像（家族の見取り図）

● **ワークシート2・振り返り用紙**

（　　　　　）学校・子育て支援セミナー　　　　　平成　年　月　日（　）

家族の中で子どもについて考えよう〈振り返り用紙〉

名前（　　　　　　　）

1．自家像をかきながら，感じたこと，気づいたこと，考えたこと
（　　　　　　　　　　　　　　　　　　　　　　　　　　　　）
2．お子さんと家族の関係を見直して，気づいたこと，考えたこと
（　　　　　　　　　　　　　　　　　　　　　　　　　　　　）
3．保護者の方は，そのお子さんにどうしたらよいと考えますか
（　　　　　　　　　　　　　　　　　　　　　　　　　　　　）
4．保護者の方は，そのお子さん以外の家族にどうしたらよいと考えますか
（　　　　　　　　　　　　　　　　　　　　　　　　　　　　）

◇今日のセミナーに参加していかがでしたか。ご意見，ご感想をお聞かせください。

第4章　●アプローチ4　家族の役割

1節　子どもを育てる家族の役割を考える　ワーク⑬

子どもから親からみる家族って？

（娘はこんなふうに家族をみていたのね）
（私の見方とずいぶん違うものね）

- ●**時間**　90分　●**校種と学年**　小・中学校　●**人数・隊形**　1～40人程度
- ●**準備**　名札（人数分），子どもがかいた自家像，保護者用自家像用紙，振り返り用紙，濃い鉛筆（2～4B程度），赤鉛筆，画板，CDプレーヤー，静かなBGM用CD，お茶（くつろぎながら作業するため）
- ●**ねらい**　家族に視点を当てて自家像を描くことを通して，家族関係を見つめ直すとともに，子どもの思いをつかみ，子どもの問題を家族で考えていく視点を養う。

活動と保護者の様子	留意点と掲示物
1　ねらいと概要の説明 ●「先日のアンケートで，『家族で一緒に過ごす時間があまりとれない』『親としてどう子どもに向き合えばいいのか』といった悩みをもつ方が多いことがわかりました。そこで今日は，家族について見つめる活動を行いたいと思います。そして，その家族の中でお子さんはどのように生きてきたかを一緒に考えていきましょう」 **2　緊張をほぐすゲーム（じゃんけんボーリング）** ●「では，最初に『じゃんけんボーリング』をしましょう」 （※活動の内容に関しては，70ページを参照） **3　各自，自家像をかく** ●「画板と2種類の用紙を配ります。ワークシート1（99ページ参照）の枠の中に，みなさんの家族をかき表していきます。家族に関するプライベートな活動ですので，隣の人と少し離れて座り，ほかの人と自分を比べたりしないようにしましょう」 ●「まず，家族構成を『1．私の家族』の欄に書き込みましょう」 ●「家族一人一人を○でかき表しましょう。そのなかでの力の大きさ（主導権，決定権，家族への影響力，元気のよさなど）は，○の大きさで描いてみてください。それぞれが，だれかがわかるように，○の下に，母（自分），長男，祖母などと書き入れてください。」	・スタッフが自己紹介をする。 ・個人での緊張が高まるワークとなるので体を動かし，声を出せる雰囲気を大切にしたい。 ・リラックスできるようBGMを流す。 **「自家像をかこう」** ・隣の人と少し離れる ・人と比べない ・秘密もOK ・注意事項を伝える。 **「家族構成をあげよう」** ①人を○でかく ②位置や大きさ ③向き ④線で結ぶ

導入

100

展開	●「次は，家族の関係について，○（人・顔）に●（目）をつけ，それぞれの人が向いている方向をかいてみましょう」 ●「次は，人と人を線をつないで，家族の関係をかき表してみましょう」 ●「家族の自家像をかきました。この自家像をかきながら，感じたり，気づいたり，考えたことをワークシート2（99ページ参照，以下同）に書いてください」 ●「それでは，何人かの人に考えたことや気づいたことを話してもらいましょう。どうぞ」 ●「次は，家族と子どもの関係について考えます。2人以上お子さんがいる方は，『この子のことを考えてみよう』という子を決めて，その子の○の下に，二重線（＝）をかきましょう」 ●「そのお子さんとほかの人との関係について，目を向けてみましょう。あらためて見直して，気づいたことや考えたことをワークシート2に書いてください」 **4　子どもがかいた自家像を見る** ●「いまお配りしたのは，お子さんが授業の時間に描いた自家像です。なぜお子さんはそのようにかいたのでしょうか。お子さんは，家族をどのように見ているでしょうか。今度は，お子さんの自家像を見て，感じたり，気づいたり，考えたりしたことをワークシート2に書いてください」 **5　子どもと保護者がかいた自家像を見る** ●「両方の自家像を見て，そのお子さんが，自家像のなかで，どの位置に来たほうがより望ましいと考えますか？　一人一人の結びつきや向き，大きさなどを考え，自身のかいた自家像のなかに赤鉛筆で○をかいてみましょう」 ●「そのお子さんが新たに赤鉛筆でかいた○のようになるために，お母さんお父さんは，その子に対してどのようにしたらよいと考えますか。ワークシート2（99ページのワークシートに欄を追加）に書いてください」 ●「今度は，その子が赤鉛筆でかいたようになるために，お父さんお母さんは，その子以外の家族にできる働きかけにはどんなことがあるか考えてみましょう」	「自家像の例」 長男 父　母 「自家像をかいて気づいたこと」 ・感じたこと，考えたことなど 「子どもについて」 ・結びつき ・それぞれの距離・方向・パワー ・事前に子どもにかいてもらっていた自家像を配る。 「親が，子どもにどうかかわったらよいか」 ・気持ちのもち方，接し方，声のかけ方 「みんなに，子どもにどうかかわらせたらよいか」 ・気持ちのもち方，接し方，声のかけ方
終末	**6　まとめ** ●「今日は，自身の自家像というものをかくことと，お子さんがかいた自家像を見ることを通して，家族の関係を見つめ直す機会にしたいと考えました。子どもの問題を家族の問題として取り組む視点をもち，日常に生かしていきましょう」	・親子の自家像を否定的・固定的にとらえず，改善へ向けた肯定的なものとなる趣旨を伝える。（103ページ参照）

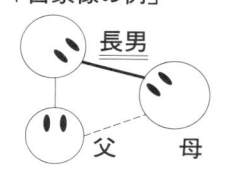

アプローチ4　家族の役割

第4章 ●アプローチ4　家族の役割

子どもから親からみる家族って？
成果と留意点

● 実施中のエピソード

「家族のつながりが偏っているかなあ」「お母さんの存在が大きいな」などと，保護者が，家族の自家像（見取り図）をかきながら率直な感想をつぶやくと，周囲の人がそれを聞いて安堵し，緊張がやわらいでいく場面がありました。保護者の一人一人が，ワークを通してうちとけ，自己開示していく様子は，大切にしたいものです。ワークを終え，「初対面だったが，お互い，共感しながら話ができる関係になった」といった声を聞くことができました。

● 実施後の結果

実施後のアンケートには，「子どもが考えていることや思っていることを，子どもがかいた図を通じて知ることができた」「子どもがかいた図から，自分を家族の中で結びつきが薄く小さな存在ととらえていることがわかった。これから，家族の子どもへのかかわりを振り返り，私は子どもとのかかわりを多くし，ゆっくり話をしたり，抱きしめたりしていきたいと思う」といった声もありました。子どものかいた自家像と保護者のかいた自家像との相違点に，保護者の目が向き，さまざまな気づきにつながったようで，以後の各々の取組みにつながる新たな視点になったものと思います。

● 実施上の留意点

子どもがかいた自家像を保護者が見ることについて，多くの配慮が必要になります（次ページ参照）。子どもには事前に趣旨や取組みを話し，子ども思いを確認し，了解を得ることが不可欠です。保護者には，子どもの表現した自家像やその取組みについて，否定的・断定的・固定的にとらえず，改善や解決へ向けた取組みとして肯定的にとらえることの重要性を伝えることが重要です。教師は，子どもや保護者の実態を踏まえ，配慮しながらワークを進めます。自家像をかくことは，家族の人間関係について正面から向き合うこととなり，さまざまな思いが頭の中に浮かぶでしょう。さらに，子どもがかいた自家像を前にし，保護者の緊張感は高まると思われます。そこで，参加者同士が交流を深め，問題解決に向けた思いを話し合える交流の場になると，いっそう実りの多いワークになります。

「自家像ワーク」でおきる気づきへの対応

●保護者が，自分の自家像を見て心配になったとき

　「家族はこうあるべき」といった固定的な思いがある場合，自分でかいた自家像（家族関係の見取り図）が理想像とかけ離れていたり，あいまいにしておきたい関係が明確に示されたとき，気持ちが沈んでしまうかもしれません。しかし，子どもや配偶者が，自分と同じように家族をとらえているかどうかはわかりません。そこで，自家像がその人の理想像と違っていたら，多くの気づきを得るチャンスと考えるよう伝えます。家族がよりよくなるために何を願うのか，そのためにどう働きかけをしたらよいかなどについて模索するきっかけととらえ，家族について理解を深めていくためのスタートと考えます。ですから，ワークのなかで「なりたい家族」をかいてみることも重要です。家族の関係や絆は，可能性に富んでいます。したがって，保護者が「なりたい家族」づくりへ向けイメージし取り組んでいくことが，家族の絆をより深めることに結びつくと考えます。

●保護者が，子どもの自家像を見て心配になったとき

　子どもが自分を家族のなかで孤立した存在としてかくなど，保護者が子どものかいた自家像を見たときに予想や期待に反していた場合，それを変えがたい事実や正解像ととらえてしまうと，気持ちが落ち込むかもしれません。この場合，「子どもと親の自家像が同じ像であるほうがよい」という思いこみを見直す必要があります。両者が描く自家像は，違っていても不思議ではなく，むしろあたりまえなのです。家族のなかで自分の置かれている立場や役割が違うため，問題意識や思い・願いも違うのです。それぞれの違いに気づき，子どもの自家像をこれからの手がかりととらえ，「なりたい家族」づくりに目を向けていくことに意味があるのです。保護者や子どもの自家像もかいた時点での一つの思いのありさまです。これまでの日常での家族のかかわりとそれぞれがかいた自家像をもとに，未来の家族像を語り合いたいものです。このようにとらえると，子どもの自家像は相違点が多ければ多いほど，未来の家族づくりに向けた大事なサインやヒントになるのです。

●親子で自家像をかくワーク（親子参加の学年保護者会）

　さきに二つの自家像ワークを示しました。これに加え，ぜひお勧めしたいのが，親子が一緒にそれぞれ「自家像」をかき，語り合うワークです。これは，親と子どもが参加する学年保護者会などで使えます。親子で自家像をかき，相互に気づいたことを交換したり，また，「なりたい家族」について語り合うことは，家族づくりそのものになっていきます。

第4章　●アプローチ4　家族の役割

コラム COLUMN　家族関係における子ども ——自家像の実践に向けて

亀口　憲治

　自分の子育てを見直す気持ちが強くなった保護者や教育関係者の方々に試していただきたいことがあります。

　まず，自分の顔や姿を鏡に映している場面を想像してください。誕生以来つき合っている自分の顔や体型ですから，鏡がなくてもその特徴についてはよく理解しているはずです。

　次に，自分の子どもや配偶者のことを想像してください。これも，それほどむずかしいことではないはずです。

　さらに，自分の子どもや配偶者と，お互いの「関係」がどうなっているのかを思い浮かべてください。ところが，これは，あまり簡単ではないことに気づくはずです。

　そこで，鏡から目を離して，家族が居間にいるところや食事をしている場面を想像してください。あるいは，家の間取りや自分の家族がふだんどこにいるかを思い出してみるのもよいかもしれません。それにしても，自分の家族全体がどのような関係でどのような形になっているのか，考えるだけでは見えてこないのではないでしょうか。

家族のなかの関係を多角的に見直す

　ふだんの生活では，家族関係といっても，自分と配偶者の関係やそれぞれの子どもとの関係といったように，あくまでも自分を基点にした二者関係を意識することが多いはずです。したがって，自分を含む家族全体の多角的な「関係の形」を見たり，知ったりすることは，だれにとっても簡単にできることではありません。

　本章で紹介した「親子自家像ワーク」は，そのような求めに応じることを目的として工夫された実践法です。この方法のもとになっているのは，私が20年以上の年月をかけて開発を続けている「家族イメージ法」（略称FIT）です。そこで，FITについて，簡単に紹介しておきます。

　心理的な悩みをかかえた家族にとって，FITはそのときどきの親子や夫婦の「自家像」の揺れ動くさまを，かなり正確に写し出す役割を果たすことができます。多くの臨床家や実践家が，臨床場面での経験に加え，普通の小・中学生や高校生・大学生，あるいはその親を対象とした調査研究や実践を積み重ねてきています。その結果，この方法を一般の人々が，家族内での問題発生を自ら予防し，早期に対処する際の簡便で有効な道具

として広く用いられるようになっています。

　すでに，3万件以上の使用実績があり，海外でも注目されつつあります。最近では，臨床心理士，家庭裁判所調査官・調停委員，児童相談所職員，福祉施設関係の相談員，医療関係の相談員，看護関係職員，各種カウンセラー，教育相談担当者，等々幅広い心理臨床や家族臨床にかかわる専門家に実用性の高い手法として注目されています。

家族関係のワークを行う際の留意点

　保護者会で家族関係に注目したワークを実践する場合には，指導者は個々の参加者の反応にきめ細かな配慮をすることが求められます。とりわけ，親子関係に自信をなくしかけている保護者にとっては，自分と家族との関係に向き合う作業そのものが不安に感じられることもあります。

　そのような保護者は，ワークにとりかかることができず，とまどいの表情を浮かべているようなこともあります。そのような参加者を見かけた場合には，無理に作業をさせず，ほかの参加者の作業を観察する役になってもらうことにします。このような対処法によって，不安感をかかえていた保護者も「観察者」として，このワークに加わることができるようになります。つまり，観察者という立場であっても，自分の家族関係を見直すには，家庭では得られない貴重な機会となるからです。

　このような参加者のなかには，ワークが終わってから指導者に個別の相談を持ち込んでくる者も少なくありません。あるいは，帰宅後に子どもや配偶者に体験を話すことによって，個別相談の申し込みをしてくることもあります。また，ワークに積極的に応じた参加者のなかには，孤立している自分の姿を発見して不安になる，あるいは子どもがどのように自分の家族を見ているのかが知りたくなり，かなり日数がたってから相談を依頼してくることもあります。いずれにしても，この種のワークで留意すべきことは，何か「正しい家族像」があり，それから自分の家族がずれているのではないかと恐れる必要はないことを，繰り返し，強調しておくことです。

　この種のワークに抵抗感が強い保護者に対しては，「理想の家族像」を作ってもらっても構いません。そのとき，その参加者がそうありたいと願う「家族の形」を確かめることができれば，目的は達成されていると理解してください。おそらく，その参加者は，「理想の自家像」を見ながら「現実の自家像」と違う部分に気づきはじめるのではないでしょうか。そこから少しずつでも，自分の家族関係を見直す心の中の作業が始まることを期待したいと思います。

第4章 ●アプローチ4　家族の役割

実践者の声

子どもから親からみる家族って？

中之条町立中之条中学校
斉藤　秀一

　私は，「わが子と家族の関係」をテーマにセミナーを実施しました。実施を終えて，「ああ，やってよかったな」と，正直にそう思えます。それは，一生懸命に考える保護者の姿をまのあたりにできたこと，そして，終了後に「参加してよかった」と，満足して帰るお母さん方を見ることができたからです。

　私はこれまでも，学級担任として多くの生徒とかかわってきましたが，「生徒や生徒の背後にいる保護者の思いに十分こたえられていないのではないか？」と，自問自答していました。そんななかで出合ったのが，この「子育て支援セミナー」でした。すでに実施した方の実践報告を読んでいるうちに，「この取組みなら，いままでと違った糸口が見いだされるかしれない」という予感がしてきて，取り組むことにしたのです。

　実施にあたっては当初，「ほんとうに自分でも保護者の思いを引き出すことができるだろうか？」という不安がありましたが，プログラムを頭に入れ，それにそって問いかけると，保護者の方々は真剣に自分の思いを話してくださり，いままでの保護者会ではなかった空間が広がりました。

　今回のセミナーでは，保護者が自家像をかくだけではなく，わが子のかいた自家像を見て考える実践も行ってみました（子どもは道徳の時間に自家像をかき，家族の一員としての自分を見つめました）。

　保護者からは，「子どもの心が見られたようで，すごく気持ちが洗われた思いです」「私の心の中を見せられたような気がしました」などの感想が得られました。保護者は，子どもと強い結びつきを感じているので，それだけに強く思い知らされる部分があったのだと思います。

　また，ある保護者は，「参加されたお母さん方からも，いろいろ大事なことを教えてもらいました。これからの生活のなかで私自身変わっていける気がします」と，感想に記しました。保護者同士が話し合うなかで，それぞれのなかに新しい学びが得られたようです。

　さらに，「子どもの気持ちを考えているつもりでも，毎日の生活に追われ，後回しになっていました。じっくり考えられる時間をつくっていただき，ありがたく思います」という感想もいただきました。忙しい日々を過ごしている保護者の方々は，安心してじっくり考えられる機会を求めているのだと感じました。そうした保護者の思いにこたえ，機会をつくるためにも，今後もこうした実践を行っていきたいと思います。

第5章

アプローチ5　生き方を探る

第1節　子どもと向き合いながら，親自身の生き方を見つめ直す　**108**

ワーク⑭　「思春期のわが子とつき合う秘訣」　**110**

第2節　子育てを振り返り，これからの生き方を考える　**114**

ワーク⑮　「思春期のわが子とともに生きる」　**116**

●コラム　「子育てを通じて保護者自身の生き方を見直すには」　**122**

○実践者の声　「思春期の子どもとつき合う秘訣」　**124**

第5章　●アプローチ5　生き方を探る

1節 子どもと向き合いながら親自身の生き方を見つめ直す

ワーク⑭⇒p110

ここがおすすめ！

　親子のやりとりのなかで家族の物語はつくり出されます。そして，子どもは親の背中を見ながら人生を歩んでいきます。このワークでは，日常に見せる子どもの姿を題材に，子どもとかかわる親自身の価値観・生き方を見つめ直します。自らの生き方を真剣に考えていくこのワークは，特に思春期の子どもをもつ保護者を対象としたセミナーにおすすめです。

（資料のようなとき，お子さんにどんな態度をとりますか）

（私だったら携帯を見るのは気がひけるわ）

（子どもの自立を大切にしてるのですね）

　激しく心が揺れ，親にぶつかりながら，自分づくりをしているわが子と向き合うとき，そのかかわりの背景には，「親である自分自身が何を大切にして生きているか」が映し出されます。子どもに対する不安やイライラは，実は自分の生き方に対する不安やいらだちがそうさせているのかもしれません。そこで，子どもの存在とその生き方を認めながら，子どもとともにどうやって生きていくかを真剣に考えていく学びの場を提供します。

ワークの展開と気づきの流れ
1．教師が作成した自作資料を読む 　⇒（保護者）「わが家でも同じようなことがあるわ」 2．資料で登場する親の行動について考える 　⇒（保護者）「子どもの気持ちを考えてるのかしら，ちょっとひどいわ」 3．自分ならどうするか考える 　⇒（保護者）「資料の人の気持ちがわからないわけじゃないけど，私ならこうするわ」 4．「自分はこうする」と，なぜ考えたのか 　⇒（保護者）「だって，それは○○だから。私の親もきっとそうしたと思うわ」 5．生き方のなかで，大切にしていることは何かについて考える 　⇒（保護者）「私は何を大事にしてるのだろう？　そんな私が子育てしてるんだわ」

こんなとき，このアプローチ

　このアプローチは，カウンセリングで考えると後期段階といえます。子どもとかかわっている自分自身を見つめ自己理解を図りながら，自らの生き方を考えていきます。用意する自作資料は，保護者とのやりとりから見える親の象徴的な行動を取り上げれば，保護者のねらいにそわせることができます。本実践（110ページ）は，「自分の人生はこれでいいのだろうか」「子どもに対するこのイライラは何なのだろう」「自立していくわが子にさびしさを感じている」といったアンケートの声にこたえられます。

特別な準備や，特に事前にしておきたいこと

　自作資料（もしくはロールプレイも可）を作成する際，事前アンケートの声を踏まえ，親の価値観による判断が表に出てくるような資料にしたいものです。参加者同士で互いの価値観を出し合い，違いにふれることから自己理解が促進できると考えます。そのためには，保護者を対象に実施する前に，同僚などの協力を得て複数の目による多様な価値観から資料を吟味していくことが大切です。

　子どもとかかわっている親も，自分の親（子どもからみると祖父母）に育てられてきたことを押さえながら展開するとよいでしょう。親の価値やその生き方は，子どもの生き方に大きな影響を与えています。親である自分自身がどう生きていくか，子どもにどんな生き方を示せるか，につながる気づきをキャッチしながら展開したいところです。

第5章　●アプローチ5　生き方を探る

1節　子どもと向き合いながら，親自身の生き方を見つめ直す　**ワーク⑭**

思春期の
わが子と
つき合う秘訣

私は，何を大切にして子どもにかかわっているのかしら

● **時間**　60分〜90分　● **校種と学年**　小（高学年）・中・高校　● **人数・隊形**　4〜50人程度
● **準備**　名札（人数分），読み物資料（自作資料），振り返り用紙，筆記用具
● **ねらい**　自分づくりをしている思春期のわが子と向き合いながら，親自身がこれからの生き方を真剣に考えていく視点を育む。

活動と保護者の様子	留意点と掲示物
1　ねらいと概要の説明 ●「事前アンケートの結果では，『反抗や不機嫌なとき，親としてどうつきあえばいいか』『ちょっとでも注意すると猛烈に反発してきて私もイライラしてしまいます』といった意見がありました。アンケート結果からは，お子さんの変化にとまどっている保護者のみなさんの様子が伝わってきます。今日は，思春期のわが子とつきあう秘訣を，みなさんと一緒に見つけていきましょう」 **導入　2　緊張をほぐすゲーム（バースデーライン）** ●「コミュニケーションは，言いたいことを伝え受けとめることです。言葉を使わずに，身振り手振りだけを使って，誕生月日順に並んでみましょう」 ●できたら，近くの人と4人1組のグループをつくる。 **3　グループで簡単な自己紹介** ●「1人1〜2分程度で，自己紹介と子どもの気になる姿や家庭でのエピソードなどを伝え合います」 ●各グループでの自己紹介の様子を確認しながら，早く終えたグループには，「自己紹介で伝え聞いたことをもとに，話をしていてくださいね」と伝える。	・スタッフが自己紹介をする。 「アンケートから」 ・思春期の子どもに対する親の心構えは？ ・子どもとの接し方がむずかしい ・急に不機嫌になる ・話をしなくなった ・ゲームには教師も一緒に参加し，なごやかな雰囲気づくりをする。 ・子どもとのやりとりに悩む親の思いを共有する。 ・多少時間をとっても，なごやか，かつ本音で語り合える雰囲気づくりに努めたい。

展開	**4 資料を読む** ●「みなさんからいただいた事前アンケートを受けて，資料を用意しました。私が読み上げますので，みなさんも資料をご覧ください」 **5 資料に登場する親の行動をどう思うか，話し合う** ●「資料に登場したお母さんの行動をみなさんはどう思いましたか」 ●「話し合いのルールを確認します。みなさん一人一人が，さまざまな考えをおもちだと思います。いろいろな考えがあっていいと思います。自分と違う考えを否定しないで聞いてください」 **6 「あなたならそのときどうするか」を考え，伝え合う** ●「それでは，あなたがこのお母さんの立場だったら，そのときどうしますか」 ●「グループのなかで，意見交換をしましょう」 **7 「どうしてそう考えたのか」について考え，伝え合う** ●「どうして，そう考えたのでしょうね。自分自身が親に育てられてきたことや，親からの影響などを振り返りながら考えてみてください」 ●「みなさんの話を聞いていると，親から育てられてきたことや親の生き方が，子どもへのかかわりや考え方に影響を与えていることがわかります」 **8 「あなたの生き方のなかで，大切にしていることは何ですか」** ●「ご自身の生き方のなかで，大切にしていることは何ですか」 ●「みなさんの話を聞いていると，『自分の生き方』と『子どもへのかかわり』は，つながっていることがわかります」	・資料を配付する。 ・教師がゆっくりと朗読する。 「話し合いのルール」 ・さまざまな考えがあってよい ・相手の考えを否定しない ・本音で語り合う ・親の生き方が子どもに影響を与えていることに気づかせる。 ・子どもに向いた目を，子どもにかかわっている自分の生き方に向けさせる。
終末	**9 まとめ** ●「みなさんが大切にしていることは，少なからず親にどう育てられたかということが影響しています。そうしたみなさんが子どもとかかわっているんですね」 ●「自分はこれからの人生を子どもとともにどうやって生きていこうか，思春期を迎えたわが子の生き方を認めながら自分はどうやって生きていこうか，そういうことを真剣に考えることが，この時期を過ごしていく秘訣なのではないでしょうか」	親の生き方が子どもの生き方に影響を与えている ↓ 自らの生き方を真剣に考えていくことが，思春期のわが子とつきあう秘訣ではないだろうか

第5章　●アプローチ5　生き方を探る

思春期のわが子とつき合う秘訣
成果と留意点

● 実施中のエピソード

　自己紹介のなかで保護者が語る家庭でのエピソードでは，子どもの成長に伴う急激な変化にとまどう様子が語られました。「わが家だけのことではないんだ」との共感と安心感が広がり，そこから保護者の本音が語られ始めました。子どもの行動にばかり目が行きがちであった保護者が，発問に対して自らのかかわりや保護者からの影響などを振り返りながら回答を探る過程で，子どもにかかわっている自分自身に目が向けられていく様子が感じ取れました。せわしなく毎日の生活に追われる保護者にとって，自らがどう育てられたかなど，自らの価値観・生き方をじっくりと考える機会が提供できたことは大変有意義でした。

● 実施後の結果

　実施後のアンケートからは，参加した保護者の思いを聞いたり，話したりすることを通して，「自分だけが悩み，苦しんでいるのではない」といった安心感と，「この時期を逃げずに，向き合って生きていこう」といった前向きに取り組んでいこうとする思いがこめられたコメントが多数寄せられました。保護者は，人生の半ばに立ち『思秋期（子どもの思春期に対比して）』というむずかしい時期を生きています。「『家事に追われ，毎日の生活に追われている私の人生，これでいいのだろうか』とうすうす感じていたこのタイミングでこのセミナーに参加してよかった」との感想をいただきました。

● 実施上の留意点

　ここでの読み物資料は携帯電話を取り上げましたが，学校事情や子どもの様子を踏まえた資料が用意できるとよいでしょう。
　大事なことは，読み物資料をきっかけとして，その後の展開で，子どもに向いていた目を保護者自身の価値観や生き方に向けていくことです。人はみな，多様な価値観をもち，一人一人違った生き方をしています。そのことをあらためて自覚し，その自分が子どもとかかわり，影響を与えていくことの意味をじっくりと考えられるとよいでしょう。

自作資料〈例〉

このエピソードを読んで，みなさんはこの保護者をどう思いますか？

　私の子どもは，今年，中学2年生になりました。

　子どもは，中学1年生の後半から携帯電話を欲しがるようになりました。家族みんなで相談した結果，携帯電話を持たせることにしました。そのおもな理由は，塾に通うようになり帰りが遅いことや塾からの帰宅の際に連絡がとりやすいこと，また，最近は子どもをねらった犯罪も増えていることから安全面を考えれば持たせたほうがよいだろうなどでした。子どもから「みんな持ってるから，携帯を持っていないと仲間に入れない」の言葉も，決めた理由の一つでした。

　それからというもの，子どもは，家にいる間は携帯電話を手放すことなく，メールのやりとりをするようになりました。夜遅い時間にもメールのやりとりをしているようです。メールの相手についてたずねると，「友達」「だれだっていいだろ」と面倒くさそうに答えるだけです。

　ある日，片づけができない子どもの部屋を掃除しているとき，机の上に携帯電話が置いてありました。私は，子どもが最近なかなか話をしてくれないので子どものことが理解できず，悩んでいました。悪い方向に進ませるわけにはいかない親の責任と子どものことを理解したい思いから，どうしようかと迷いながらも，子どもの携帯電話に残っている電話やメールの着信履歴やその内容を見ました。

　相手は学校内の親しい数人の友達とのものばかりでした。その内容は，大人からしてみればたわいのないやりとりや部活のこととその連絡，なかには，好きな人の名前などが書かれていました。やりとりの相手とその内容は，考えていた範囲内のものばかりでした。

　携帯電話をあった場所に戻したあと，子どもの知らないところで勝手に履歴を見てしまったことへの罪悪感がおそってきました。それとあわせて，親として子どもの成長へのとまどいが入り乱れ，ますます不安定な気持ちになっていきました。

第5章 ●アプローチ5　生き方を探る

2節 子育てを振り返りこれからの生き方を考える

ワーク⑮⇒p116

ここがおすすめ！

　保護者は，これまで子どもの健やかな成長を見守りながら，自らの人生の最も大切なこととして子育てをしてきました。このワークでは，これまでの自らの生き方と子育ての関係を振り返りながら，これからの生き方を探っていきます。特に思春期の子どもをもつ保護者を対象としたセミナーにおすすめです。

（自分が生きたいように生きているか円で表してみましょう）
（お子さんの円もえがいてみましょう）
（子どもが小さいかもしれないわ）
（半分重なっている感じがするわ）
（私は大きな円になったわ）

　保護者は，個人としての自分，親や家族としての自分，社会の一員としての自分など，さまざまな自分を生きています。ここでは，自らがどれくらい生きたいように生きているか，そして，わが子がどれくらい生きたいように生きているかについて，両者の関係を2つの円に表して考えていきます。そのなかで，親自身の価値観や大事にしてきたことへの気づきを通して，これからの人生をどう生きるかにつながる自分探しの場を提供します。

ワークの展開と気づきの流れ

1. 教師が作成した自作資料を読む
    ⇒（保護者）「まるで，自分と子どものことのようだわ」
2. 資料で登場する親が大切にしてきたことは何か，話し合う
    ⇒（保護者）「子どもとの信頼関係かしら。もしかしたら，親の安心感かも……」
3. 自分が大切にしていることは何かを考え，伝え合う
    ⇒（保護者）「話し合うこと，信じること，安全な生活，命，お金……」
4. 自分と子どもは，どれくらい生きたいように生きているかについて考える
    ⇒（保護者）「私と子ども，2つの円を描いて何がわかるのかしら」
5. 自分と子どもとのこれまでの関係について考える
    ⇒（保護者）「たしかに，私と子どもとの関係は説明のとおりだわ」
6. 生き方のなかで，大切にしていることは何かについて，再度考えてみる
    ⇒（保護者）「子どもとの関係を考えれば，このことを大事にしなければ……」

こんなとき，このアプローチ

　このアプローチは，保護者の人生と子どもの存在の関係に目を向けます。「どれくらい生きたいように生きているか」を表した自分と子どもの2つの円の大きさや重なり方で，「子どものことで自らの生き方がいっぱいになっている」「子どものことが親として自分の目の中に入っていない」など，いままで気づかなかった自分の姿が見えてきます。活動を通して，自分の中に占める子どもの存在や自らの価値観への気づきなどの自己理解を促すことができ，今後の子どもとのかかわり方，自らの生き方を考えることができます。

特別な準備や，特に事前にしておきたいこと

　事前アンケートをもとにした資料は，それぞれの家族で起きているエピソードを盛り込みましょう。「わが家と同じ」「私のことのようだわ」との共感を得られると，次へのつながりがスムースに展開できるでしょう。

　参加者への発問や描いてもらった2つの円の解釈例などは，あらかじめフラッシュカードや模造紙などで用意しておきましょう。プレゼンテーションソフトで事前準備しておき，プロジェクターで投影する方法もよいでしょう。

　描いた2つの円の解釈は，1つの解釈の仕方であって，断定するものではありません。自分の中にいる子どもの存在と自らの生き方を考えるきっかけになればよいと考えます。

第5章 ●アプローチ5 生き方を探る

2節 子育てを振り返り，これからの生き方を考える　ワーク⑮

思春期のわが子とともに生きる

> 私も子どもも どれくらい 生きたいように 生きてきたかしら

● **時間** 60分〜90分　● **校種と学年** 小（高学年）・中・高校　● **人数・隊形** 4〜50人程度

● **準備** 名札（人数分），読み物資料，ワークシート，筆記用具，フラッシュカード（もしくはＰＣ画面をプロジェクターにて投影），振り返り用紙

● **ねらい** 自らの生き方と子どもとのかかわりを自己分析することを通して，自らの価値観や大切にしてきたことを振り返り，これからの生き方を探る。

活動と保護者の様子	留意点と掲示物
<div>**導入**</div>**1　ねらいと概要の説明** ●「アンケートには，『素直に親の言うことを聞いてきた子どもが，反抗的になったり，話をしなくなったりしてどうかかわったらいいかわからなくなってきた』とのコメントが多数寄せられました。「お子さんの変化にとまどいながら，どうにかしたいと考えている姿が伝わってきます。今日は，これまでのみなさんとお子さんとのかかわりを振り返りながら，わが子とともにどう生きていくかについて考えていきましょう」 **2　緊張をほぐすゲーム（拍手の数だけグループになる）** ●「実りあるセミナーにするために，心の準備運動をしましょう。曲に合わせて自由に歩いてください。途中，私が拍手をした数だけ手をつないでグループをつくります」 ● 4つの拍手で4人1組のグループをつくる。 **3　4人グループで簡単な自己紹介** ●「グループの進行役を1人決めてください」 ●「それでは，1人1〜2分程度で，自己紹介と子どもの気になる姿や家庭でのエピソードなどを伝え合います」 ● 自己紹介が早く終わったグループには，「自己紹介で伝え聞いたことをもとに，話をしていてくださいね」と伝える。	・スタッフが自己紹介をする。 「アンケートから」 ・以前より反抗的 ・言葉が乱暴になった ・急に不機嫌になる ・この時期を乗り切るためには，どんなところに気を配ったらいいのか ・ゲーム中の楽しいエピソードを披露するなどして，なごやかな雰囲気づくりをする。 ・司会役は，スムーズな話し合いのために，順番の指名や意見を求める役割であることを伝え，負担感を与えない。

展開	**4 資料を読む** ●「みなさんからいただいた事前アンケートを受けて，資料を用意しました。みなさんも資料をご覧ください」	・資料を配付する。 ・教師がゆっくりとていねいに朗読する。
	5 資料に登場する親が大切にしていることについて話し合う ●「資料のお母さんは，何を大切にしてきたのでしょうね」 **6 「自分が子育てで大切にしていること」を振り返り，伝え合う** ●「今度は，みなさん自身が子育てで大切にしていることを振り返ってみましょう。ワークシートに記入してください」 ●「4人グループで話し合ってください」 ●「親として信念をもって一生懸命に子育てされてきたのですね。子育てはみなさんの生き方の大切な一部なのですね」 **7 「生きていくうえで大切にしていること」について考える** ●「子育てをしているみなさん自身が，生きていくうえで大切にしていることとはいったい何でしょうね。ワークシートに3つ書き出してみましょう」	「自分の価値感に目を向ける」 ・子育てで大切にしていること ↓ ・信念をもって生きている私が子育てをしている ↓ ・子育てには，私の生き方が映し出されている
	8 自分がどれくらい生きたいように生きているか，考える ●「自分がどれくらい生きたいように生きているか，ワークシートの枠に円の大きさで表してみましょう」 **9 子どもがどれくらい生きたいように生きているか，考える** ●「同じ枠の中にお子さんの円も描きます。2人の関係を考えて描いてみましょう。円は重なっても離れても結構です」 **10 描いた2つの円の解釈を聞く** ●「これは，1つの解釈の仕方に過ぎません。『こう考えることもできる』ととらえていただき，2つの円が意味することを考えてみましょう」 **11 「生きていくうえで大切にしていること」について再度考える** ●「描いた2つの円が意味することを考えながら，生きていくうえで大切にしていることを再度考えてみましょう」	「2つの円を描く」 ①自分がどれくらい生きたいように生きているか，枠の中に円の大きさで示す ②子どもの円を描く 再考「生きていくうえで大切にしていること」 ・2人の関係を観点に入れて考え直してみる
終末	**12 活動を振り返る** ●「今日のセミナーを体験して，あなたが大切にしていることが見えてきたでしょうか。感じたことや考えたことをグループのみなさんで伝え合いましょう」 **13 まとめ** ●「自分と子どもとの2つの円から，これまで気づかなかった自分の生き方とお子さんとの関係が見えてきたのではないでしょうか」 ●「子どもの自立を目前にしたいまこそ，これからの生き方を真剣に考えていくことが大切なのかもしれません」	・それぞれの気づきを共有できるように，ゆったりと語らえるようにしたい。

アプローチ5 生き方を探る

第5章 ●アプローチ5 生き方を探る

思春期のわが子とともに生きる

成果と留意点

● 実施中のエピソード

　参加した保護者は，資料に登場する母親の思いに共感して，グループの中でここぞとばかりに各家庭でのエピソードを話し合う姿が見られました。「悩んだり不安に思っているのは私だけではない」「私の思いをわかってくれる」という安心感が広がっている様子が感じられました。

　自分と子どもの2つの円を描く際に，「こんなことで，何がわかるのだろう」と半信半疑の様子の保護者も，一解釈としての説明を受けて，これまでの自分の生き方と子どもとの関係を振り返りながら，2つの円が表す意味を真剣に考えている姿が印象的でした。

　最後に「生きていくうえでほんとうに大切にしたいことは何か」について，再考してもらいましたが，2つの円が表す意味をそれぞれが考えながら，さきに記述した内容と変わっている保護者は少なくありませんでした。子どもとの関係の観点を示したことで現実を踏まえ，より深く自らを見つめ直すことができたようです。

● 実施後の結果

　「このセミナーに参加していなかったら，立ち止まって自分の生き方をあらためて見つめたり，子育てを振り返ったりすることはなかっただろう。今回のセミナーに参加してよかったと思った」との感想が多数寄せられました。

　指導される，責められる，反省させられる……など，一方的な話を聞くのではなく，スタッフやグループの参加者，自分の中の自分とのやりとりから気づき，自分に合った自分なりの答えや方向性を出せるのがこのセミナーの魅力です。

● 実施上の留意点

　参加者の様子を見守りながら，ていねいに進めていくことが大切です。グループでの話し合いの様子を聞いたり，記述した内容をメモしたりしましょう。全体の場で「こんな話し合いがされていましたね」「こんな意見がありました」と伝えていくことで，グループを超えた多様な考えにふれながら，参加者は自分を見つめていくことができます。

読み物資料〈例〉

　中2の息子のことで困っています。相談に乗っていただけないでしょうか。

　小学生のころは，何でも話をしてくれましたし，素直に私の話も聞いてくれました。しかし，中学生になってからは前よりも話をしなくなり，何を考えているのかよくわからなくなってしまいました。学校生活での勉強や友達関係などがうまくいっているのか心配なので聞こうとすると，うるさがったり急に不機嫌になったりしてすぐに部屋に行ってしまいます。ときには，乱暴な言葉で反抗的な態度を見せることもあります。

　また，自分のことがきちんとできるわけではなく，朝はギリギリまで寝ていたり，持ち物の整理や部屋の片づけができなかったりで，ついつい小言が増えてしまいます。毎日が悪循環の繰り返しのようで，親としてほんとうに嫌になってしまいます。

　来年は受験を迎える大事な時期になってきます。これからさき，親として子どもとどのように向き合っていったらよいのでしょうか。子どもと顔を合わせると気持ちが焦るばかりです。

　　　　　　　　　　　　　　　　　　　　　　　　〇〇の母より

第5章　●アプローチ5　生き方を探る

○○学校　PTAセミナー

思春期の子どもとつきあう秘訣！　—わが子とともに生きる—

年　月　日

名前 _____

3. 2つの円を描く

1. 子育てで大切にしていること

2. 生きていくうえで大切にしていること
   ① ② ③

4. 2つの円が意味すること

5. 生きていくうえで大切にしていること（再度考えたこと）

描いた2つの円の解釈にかかわる一例

あなたは,いま……

**「あなたはいま,
　どのくらい生きたいように
　　生きていますか?」**

◆シートの枠の中に○の大きさで示してください
◆位置はどこでも構いません

子どもは,いま……

**「お子さんはいま,
　どのくらい生きたいように
　　生きていると思いますか?」**

◆同じ枠の中に○の大きさで示してください
◆2人の関係も含めて考えてください
◆重なっても離れても結構です

描いた2つの円の解釈

（親の大きな円の中に子の小さな円）

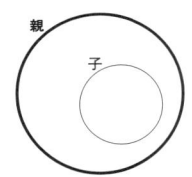

**パターン1
親の円の中に
子どもの円が入っている**

○子どもを大切にして,しっかりと包み込んでいる
○自分の生き方のなかに,子どもの生き方を認めている

・親の思うとおりにしたい
・子どもの生き方を親が決めてしまったり,方向づけてしまったりする

描いた2つの円の解釈

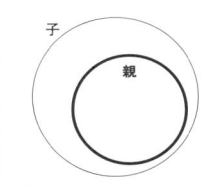

（子の大きな円の中に親の小さな円）

**パターン2
親の円を
子どもの円が包んでいる**

○子どものことや子育てを非常に大切に考えている
○親にとって,子どもの存在が大きい

・親の思うとおりにしたいが,思うようにならないと感じている
・親より子どもが力をもっている(力関係の逆転)
・子どもに支えられている親

描いた2つの円の解釈

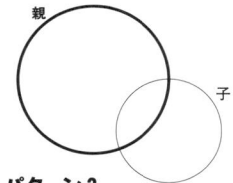

（親と子の円が一部重なっている）

**パターン3
親の円と子どもの円が
重なっている**

**重なっている部分
親の知っている子ども**
○わかり合えている
・反抗などの摩擦が起きている

**重なっていない部分
親の知らない子ども**
○安心して任せられる
・わからないので,不安になる

描いた2つの円の解釈

（子と親の円が離れている）

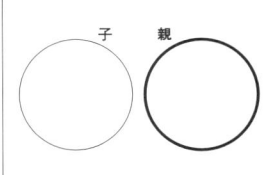

**パターン4
親の円と子どもの円が
離れている**

○安心して任せられる
○子どもがしっかりと自立している
○子どもが自分の力で歩んでいる

・子どもは子ども,親は親
・別々に生きている
・放任

121

第5章 ●アプローチ5 生き方を探る

コラム COLUMN ― 子育てを通じて保護者自身の生き方を見直すには

亀口 憲治

　保護者が子育てに悩みをもつきっかけや内容はさまざまですが，それが何であれ，保護者自身の生き方を見直すチャンスととらえることができれば，不安やつらさに押しつぶされずにすみます。

悩みを語れる保護者会の必要性

　思春期になって，聞きわけのよかったわが子から急に反抗的な態度を示されると，それまで子育てに悩んだことがなかった保護者も，自信を失いかねません。保護者の心が動揺したまま子どもを何とかしようとあがいても，うまくいくものではありません。まずは，保護者自身が自分を落ち着かせる方策を見つけることが先決です。

　その意味で，小学校の高学年や中学生の子どもをもつ保護者が保護者会に集まり，互いの胸のうちを明かし，率直に悩みを語り合えれば，どれほど助かることでしょう。しかしこれまでの多くの学校で開かれてきた保護者会は，参加者が互いの悩みをうちあけるような性質のものではなかったのではないでしょうか。どちらかと言うと，予定された議事次第にそった「建前」でのもの言いが優先され，参加者が互いに「本音」を出して自由に子育ての悩みを語るなどということは，むしろタブー視されていたのではないでしょうか。

　私自身は，娘が小学校6年生だった20年前ほどに，妻がPTAの役員になったのをきっかけに，PTA主催の行事として親子が参加する家族体験プログラムを企画したことがあります。もっとも，それはその年に限った試みで終わり，継続されることはありませんでした。まだ，時期尚早だったのです。

　しかし，少子高齢化の進行や人口減社会の到来によって，子育てをめぐるわが国の状況は20年前とは一変してしまいました。いまであれば，私が提唱し続けてきた参加者体験型の保護者会が，世の中に受け入れられる余地が生まれてきたのではないかと，大いに期待をふくらませているところです。

思春期に残したしこりを溶かすために

　保護者が子育ての問題に真剣に取り組みはじめると，それはわが子の育ちだけでなく，自分自身の生き方の問題にもつながってきます。さらに，それは家族や地域社会の再生についての問いかけへと発展していきます。

カウンセラーとして多くの保護者の方とお会いして、思春期・青年期の子どもの心が理解できない悩みを聴き続けていると、やがてご自分も同年齢のころに親に対して強い否定的な感情や、ときには怒りの感情を抱いていたことを思い出されることがあります。そのような否定的な感情の記憶は保護者の胸の奥深くにしまいこまれていて、本人もその存在を忘れていることも珍しくありません。

　このような場合、保護者が自分の親に否定的な感情をもっていたことを思い出すだけでも、反抗的な態度を示すわが子に接するときに心の余裕が生まれます。

思秋期の危機を乗り越えるために

　わが子が思春期になるころには、同時に自分や配偶者の親が老年期に達していることが多いものです。それまで、核家族で別居していたとしても、退職や病気などを理由に再び関係を強める必要も出てきます。つまり、子育ての課題と同時に、自分や配偶者の親に対する扶養・介護の要請が始まるのです。さらに、仕事の面でも中堅としてさまざまな責任を負わされる立場に立つことが多くなる時期でもあります。この時期は、親も「思秋期」と呼ばれる人生の危機に立たされる可能性が高いのです。

　そこで、夫婦のパートナーシップがそれまで以上に大切になってきます。子育ての問題にも、母親だけでなく父親も積極的にかかわる必要が出てきます。母親任せにしていては、不登校などの問題が解決できない例はとても多いのです。

　本来、夫婦が子育てに限らず、自分たちの生き方や将来のことも含めて真正面から話し合えればよいのですが、仕事に追われてそれどころではないのが現実かもしれません。そこで、本書のワークで行われる親子の対話の経験談を、母親が家庭に帰って夫あるいは子育てのパートナーに伝えることから、家族全体の話し合いが生まれるかもしれません。ワークやロールプレイのなかで父親役や子ども役を演じた経験談は、家族のだれにとっても興味や関心のもてる「ニュース」ではないでしょうか。家庭での日常生活について、家族があらたまって話し合うということは、実はとてもむずかしいことなのです。

　夫婦の間で会話が乏しい場合には、とくに工夫が必要になります。夫（父親）は、口では妻（母親）にはかなわないと感じていることが多く、周囲から「夫婦の会話が大事だ」といくら指摘されてもその気にはなれず、仕事を理由に避けることになってしまいます。その点で、男性の保護者も安心して子育ての問題に向き合うことができる参加体験型の保護者会をつくり上げていくことも重要な課題だといえるでしょう。そのような男性保護者の登場を待ちわびている子どもも、多いのではないでしょうか。

第5章　●アプローチ5　生き方を探る

実践者の声

思春期の子どもとつき合う秘訣

前橋市立第七中学校
相原　吉次

　本校では，毎年2学期に2学年PTA主催でPTAセミナーを実施しています。今年度も年度当初から内容等を検討していました。そんななか5月に行われた「平成17年度中学校生徒指導対策協議会」で，このセミナーの紹介がありました。PR紙のなかの「保護者参加体験型」の文字に強くひかれ，学校長の承諾を得て，保護者の参加体験型研修「子育て支援セミナー」を初めて実施しました。

　これまでセミナーといえば講話型で，聞いているとつい集中が切れ，話を聞き逃してしまったことが何度かあり，「セミナーとはそういう（講話型＝受動的）ものだ」と半分決めつけていました。しかし，今回の体験型セミナーの説明を聞き，いままで経験したことのないものになるのではないかと直感しました。

　その直感は間違いではありませんでした。これまで経験した「講話型」セミナーとはまるで異なり，自らの考えと感覚でものごとをとらえていく能動的なものでした。そのため集中も途切れることなく，2時間が短く感じられました。

　参加した保護者の様子もとても生き生きとしており，活発に活動していました。進行にも工夫がみられ，セミナーの最初では参加者全員でゲームを行い，なごやかな雰囲気でスタートしました。その後，グループでは活発な意見交換がされ，講師の講話のときには真剣に聞くなど，メリハリのあるセミナーでした。参加した全員が「思春期の子どもとつき合う秘訣」という1つのテーマに真剣に向き合い，参加者同士で共感しながら自分自身を見つめ直していました。

　以下は参加した保護者の感想の一部です。

　「子育てをしていくうえで，自分は何をいちばん気にしていたのか，何を大切にしてきたのか，わかった気がします。日々の生活で実行できていないことを，もう一度見直していこうと思います。また，思春期の子どもに手を焼いているのは自分だけではないことがわかってよかったです」

　「自分が中学生だったころ，心の中の苦しみを人には話さなかったことを思い出しました。悩みにこたえてくれる親もいいけれど，何もこたえてくれなくてもふだんどおり接してくれる親も，心がしずまっていいものだなと思うことがあります。100％よい親にはなれなくても，少しでも子どもの心の寄りどころになればと思います」

　以上のような感想がほとんどであり，参加者全員が満足して終えたセミナーであったと思います。

　このセミナーは一人一人がもっている潜在的能力を引き出すものであり，忘れかけていたほんとうの自分の力を再発見する，また，子どもたちとともに親自身も成長するセミナーであると感じます。すばらしいセミナーを体験でき，大変うれしく思います。

■参考文献

○全体に関連して

亀口憲治編『家族療法の現在』至文堂
亀口憲治『家族力の根拠』ナカニシヤ出版
亀口憲治『家族療法的カウンセリング』駿河台出版社
亀口憲治『家族のイメージ』河出書房新社
亀口憲治編『コラボレーション』至文堂
亀口憲治編『愛と癒し』至文堂
亀口憲治『家族システムの心理学』北大路書房
亀口憲治編『家族の風景』至文堂
國分康孝総編集『構成的グループエンカウンター事典』図書文化
國分康孝・片野智治『構成的グループ・エンカウンターの原理と進め方』誠信書房
國分康孝他『エンカウンターとは何か』図書文化
國分康孝『カウンセリングの理論』誠信書房
國分康孝『カウンセリングの原理』誠信書房
國分康孝『愛育通信より』瀝々社

○第1章

國分康孝監修『エンカウンターで学級が変わる　小学校編』図書文化
國分康孝監修『エンカウンターで学級が変わる　ショートエクササイズ集』図書文化
裴岩奈々『感じない子ども　こころを扱えない大人』集英社

○第3章

亀口憲治編著『家族療法』ミネルヴァ書房

○第4章

亀口憲治監修，システム心理研究所編『FIT（家族イメージ法）(Family Image Test)』
株式会社システムパブリカ　※心理テスト

付記：本書の監修にあたり，日本学術振興会平成16〜18年度科学研究費補助金（基盤研究(A)研究代表者亀口憲治　課題番号16203036）の支援を受けた。

●監修者●

亀口　憲治（かめぐち・けんじ　東京大学大学院教授，東京大学学生相談所長を兼務）　序文・コラム

1948年，福岡県に生まれる。博士（教育心理学），九州大学大学院博士課程単位習得退学，同大学の助手を務める。1980～82年にかけ，フルブライト研究員(ニューヨーク州立大学)。福岡教育大学教授，同附属教育実践研究指導センター長を経て現職。国際家族心理学会日本代表，日本家族心理学会常任理事，家族心理士・家族相談士認定機構常任理事，NPO法人日本家族カウンセリング協会副理事長，NPO法人システム心理研究所代表。著書に『家族臨床心理学』(東京大学出版会，2000年)，『家族のイメージ』(河出書房新社，2003年)，『家族療法的カウンセリング』(駿河台出版社，2003年)，『家族力の根拠』(ナカニシヤ出版，2004年)，『家族療法』(ミネルヴァ書房，2006年) ほか多数。

●著　者●

群馬県総合教育センター

　〒372-0031　群馬県伊勢崎市今泉町1丁目233番地の2
　電話：0270-26-9211　ファックス：0270-26-9222
　http://www.center.gsn.ed.jp/

●執筆者●

武藤　榮一（教育相談グループ指導主事・平成14～17年度）序　章
齋藤　亮一（教育相談グループ研究員・平成16・17年度）第3章，第4章
奥山　隆　（教育相談グループ研究員・平成16・17年度）第2章，第5章
國峯　智　（教育相談グループ研究員・平成17年度）第1章

●本センター教育相談グループにおける研究協力者（平成14～17年度）●

都丸喜久雄（教育相談グループリーダー・平成14・15年度）
懸川　武史（教育相談グループリーダー・平成16年度）（指導主事・平成14・15年度）
川田恵美子（教育相談グループリーダー・平成17年度）（指導主事・平成14～16年度）
住谷　孝明（教育相談グループ指導主事・平成14～17年度）
井上　淑人（教育相談グループ指導主事・平成14～17年度）
野村　達之（教育相談グループ指導主事・平成17年度）
酒庭　寛子（教育相談グループ研究員・平成14・15年度）
田中　詠　（教育相談グループ研究員・平成14・15年度）
新井　浩之（教育相談グループ研究員・平成14年度）
齋藤　新吉（教育相談グループ研究員・平成15・16年度）

以上，2006年3月現在。

体験型の子育て学習プログラム15
来てよかったと喜ばれる新しい保護者会

2006年6月10日　　初版第1刷発行　　　　　　［検印省略］

監修者	亀口憲治
著　者	Ⓒ群馬県総合教育センター
発行人	工藤展平
発行所	株式会社 図書文化社
	〒112-0012　東京都文京区大塚1-4-5
	Tel. 03-3943-2511　　Fax. 03-3943-2519
	振替　東京00160-7-67697
	http://www.toshobunka.co.jp/
装　幀	本永恵子デザイン室
イラスト	鈴木真司
印刷所	株式会社 高千穂印刷所
製本所	笠原製本株式会社

Ⓡ本書の全部または一部を無断で複写複製（コピー）することは，著作権法上での例外を除き，禁じられています。本書からの複写を希望される場合は，日本複写権センター（03-3401-2382）にご連絡ください。

乱丁・落丁本の場合はお取り替えいたします。
ISBN 4-8100-6469-7　　C 3037
定価はカバーに表示してあります。

構成的グループエンカウンターの本

必読の基本図書

構成的グループエンカウンター事典
國分康孝・國分久子総編集　A5判　本体：6,000円＋税
学校を中心に30年に及ぶ実践の全ノウハウを集大成

自分と向き合う！究極のエンカウンター
國分康孝康孝リーダーによる２泊３日の合宿体験
國分康孝・國分久子編著　B6判　本体：1,800円＋税

エンカウンターとは何か 教師が学校で生かすために
國分康孝ほか共著　B6判　本体：1,600円＋税

エンカウンター スキルアップ ホンネで語る「リーダーブック」
國分康孝ほか編　B6判　本体：1,800円＋税

エンカウンターで学校を創る
國分康孝監修　B5判　本体：各2,600円＋税

目的に応じたエンカウンターの活用

エンカウンターで総合が変わる 小学校編・中学校編
國分康孝監修　B5判　本体：各2,500円＋税

エンカウンターで進路指導が変わる
片野智治編集代表　B5判　本体：2,700円＋税

エンカウンターで学級づくりスタートダッシュ 小学校編・中学校編
諸富祥彦ほか編著　B5判　本体：各2,300円＋税

エンカウンター　こんなときこうする！ 小学校編・中学校編
諸富祥彦ほか編著　B5判　本体：各2,000円＋税　ヒントいっぱいの実践記録集

多彩なエクササイズ集

エンカウンターで学級が変わる　小学校編　Part１〜３
國分康孝監修　全3冊　B5判　本体：各2,500円＋税　ただしPart1のみ本体：2,233円＋税

エンカウンターで学級が変わる　中学校編　Part１〜３
國分康孝監修　全3冊　B5判　本体：各2,500円＋税　ただしPart1のみ本体：2,233円＋税

エンカウンターで学級が変わる　高等学校編
國分康孝監修　B5判　本体：2,800円＋税

エンカウンターで学級が変わる　ショートエクササイズ集　Part１〜２
國分康孝監修　B5判　本体：①2,500円＋税　②2,300円＋税

目で見るエンカウンター

３分で見るエクササイズ　エンカウンター　CD-ROM 本体：3,200円＋税
國分康孝監修・正保春彦編集　出演：正保春彦・片野智治・明海大学正保ゼミのみなさん

図書文化

※定価には別途消費税がかかります